# 国会を、取り戻そう！

## 議会制民主主義の明日のために

石川裕一郎・石埼学・清末愛砂・志田陽子・永山茂樹 編著

現代人文社

# はじめに

## 私たちはなぜこの本をつくったのか

　最初に、私たち5人の憲法研究者がこの本をつくった理由を書きます。
　どの分野の研究者もそうだと思いますが、憲法研究者は、憲法のなかでも関心の置き場所がそれぞれ別です。ある人は平和のこと、ある人は男女平等のこと、また別の人は選挙のこと、といったぐあいです。
　ところが千差万別の関心をもつ憲法研究者たちが、共有している関心事が1つあります。それは、国民が選んだ国会議員が、国民の声を聴きながら、国民のために政治をするしくみがまともに動くかどうかということです。なぜでしょう。
　たとえばです。平和を守るには、平和的な法律や条約が必要です（そして法律をつくり、条約に最終的な承認を与えるのは、国会の仕事です）。男女平等の実現には、内閣が男女平等を促進する行政を進めなければなりません（そして国民のために仕事をするよう内閣を見張るのは、国会の仕事です）。公正な選挙のためには、理念に沿った制度が欠かせない（そして公正な選挙制度を整えるのは、国会の仕事です）。
　このように、どの領域でも国会に頑張ってもらわなければなりません。
　ところが困ったことに、今、日本では肝心の国会がうまく動いていないのです。このままだと、平和も男女平等も選挙もなかなか展望が開けません。そこで私たちは、憲法が国会のことをどう書いているか、現実の国会はどうなっているか、主権者はどうしたらよいのかといったことを、みなさんに知ってもらおうと思い、憲法を参照しながら問題を整理しました。これがこの本をつくった理由です。

はじめに

## 国会じゃなくてもいい、のか

　誰でも、正しいことを2分の1の確率でみつけられるとします。また、ほかの人が正しいことをみつけたら、それを受け入れ、実現に協力する誠実さがあるとします。

　その場合、1人の組織が正しいことを実現する確率は50％です。2人の組織なら75％、3人の組織なら88％です。全員が間違う確率を100％から除けば、この数字は得られます。これは何を教えてくれるでしょう。

　まず、人間は1人よりも集団になったほうが正解に近づくということです。またそのために、構成員には正しいことをみつける能力と誠実さが人並みに備わってなければならないし、組織にはある程度の大きさがないといけない、ということです。どうです、国会にぴったりではないですか。国会は、そういう意味でよくできたしくみなのです。

　でも国会には期待できないという人がいます。たしかに実際の国会議員を見ていると、気持ちがわからないでもない。野次を飛ばしたり、居眠りをしたり、路上で暴れたりする議員が目立つからです。

　だとすると、国会に代わる国家統治のしくみが必要ですね。すばらしい独裁者に政治を任せるというのはどうでしょう。そういう考え方が支配したとき・ところがありました。たとえば80年前のドイツです。ドイツ人は議会ではなくヒトラーという独裁者に期待を寄せました。同じ頃、イタリアやソ連や日本にも独裁者がいました。

　でもこれらの国の人は、例外なく独裁者に裏切られました。国会抜きのまともな国家統治のしくみを、人類はまだみつけたことがないのです。

## 国会を取り戻すために、あなたに読んでほしい

　この本を手に取ってくれたあなたは、憲法や政治に対する関心がけっこう強いほうなんじゃないかと思います。

　そういう人のために、この本のⅠでは国会制度の基本となる、民主主義の原理・原則について書きました。ここは少し抽象的な議論もある

のですが、あとのほうに進むためにがまんして読んでほしいところです。Ⅱは国会の現状を整理しました（この本では「議会」と「国会」という言葉を使っています。議会とは一般に立法府の名称、また国会とは日本国憲法における議会の名称です）。関連する新聞記事を各章の冒頭に置いたので、まずそれを読み、どんな問題があるのかを考えてください。私たちなりに解答も書きました。Ⅲでは、国会と私たちとのかかわりを意識しながら、私たちはどうすればよいのかについて論じました。ここでも新聞記事を手がかりにしてもらいます。

　あなたに1つお願いがあります。

　この本を読んでくださったら、あなたが感じたことや考えたことを、あなたの言葉で、まわりの人に伝えてほしいのです。基本となる理念はどんなものか、今現実がそこからどう離れているか、そして私たちはどうするべきか、ということです。こういうことをたくさんの人に考えてもらえれば、「国会を取り戻す」ことはそれほど難しくないと、私たち執筆者はけっこう楽観的にかまえています。

2018年6月

著者を代表して

永山茂樹

# 目次

はじめに.... 2

## I まずは私たちの国のかたちを確認しよう
──憲法がもたらしているもの

### I-1 国民主権
#### 主人公は私たち 石埼学 ...10
「ナチスの手口」と国民主権　／　日本国憲法の国民主権原理
国民主権の意義　／　自民党改憲草案は要注意

### I-2 直接民主制と間接民主制
#### 私たちの世界をつくる 石川裕一郎 ...16
日本国憲法における「民主主義」とは　／　民主主義の「欠点」とその克服の試み
国民投票のもたらす政治的インパクト──近年のヨーロッパの事例から
直接民主制と間接民主制どちらがよいか

### I-3 立憲主義
#### 国家権力の暴走を防ぐ 永山茂樹 ...22
国家権力の基本は憲法によって決められる　／　簡単に変えられないところに憲法の意味がある
憲法の三原理こそ日本の理想と未来　／　憲法が国家権力を縛る

### I-4 平和と人権
#### 人々の命と権利を守る 清末愛砂 ...27
平和はいかにして担保されるか　／　シビリアン・コントロールの崩壊と軍事優先社会
民主主義は人権を抑圧するか

## II 今の国会おかしくない？
### ── 憲法からみてみよう

**II-1 政治と国民の距離**
## 議会は民意を反映しているか　　石埼学 ... 34
国会議員は全国民の代表？　/　代表されざる者　/　国民とつながる政治へ

**II-2 公的文書の取扱い**
## 文書の改ざんは許されるのか　　石埼学 ... 39
森友学園疑惑にからむ公文書改ざんのスクープ　/　議会制民主主義と公文書の意義
森友学園問題の検証は公正に行われたのか　/　国会に課せられる責任
内閣が国会に対して負う責任　/　議事録は何のためにあるのか

**II-3 唯一の立法機関**
## 立法機能に問題はないか　　志田陽子 ... 46
民主主義の集約点としての立法機関　/　実情とチェック＆コントロール機能
財政も国会で決める　/　「委任立法」とは

**II-4 議会運営のルール**
## 熟議なしの採決は許されるか　　志田陽子 ... 53
国家の意思決定のためのルール　/　相互チェックと討論を確保するルール
議員に認められる特権　/　会議開催と議決のルール　/　欠席戦術
「会議」と「委員会」　/　「会議の公開」と「知る権利」

**II-5 選挙制度**
## 望ましい選挙制度とは何か　　石川裕一郎 ... 61
小選挙区とは　/　さまざまな選挙制と代表制
現行の選挙制度──衆議院と参議院　/　二大政党制を超えて

## II-6 議員構成
# 弱者の声は反映されるのか 清末愛砂 ... 68
日本社会の民主化と大きくかかわる女性の参政権
女性議員が少ない理由と増加が求められる理由 ／ 外国籍住民と参政権
旧植民地出身者とその子孫の参政権問題

## II-7 政治とカネ
# 清潔な政治がなぜ正しいか 永山茂樹 ... 75
カネではなく、説得力と票の力で議会を動かす
議員をカネの力から解放する ／ 国家財政には透明性と公平性が必要だ
議会制の当然のコストは負担しなければならない

## II-8 外交・条約
# 国会は外交にかかわりうるか 永山茂樹 ... 80
国会は国権の最高機関である ／ 実際には国権の最高機関ではない
国会は外交の蚊帳の外？ ／ 外交の重要なアクターとしての国会

## II-9 衆議院の解散
# 解散は総理の専管事項か 永山茂樹 ... 86
衆議院には解散制度がある ／ 「議院内閣制の本質」とのかかわり
どのような解散が望ましいか ／ 解散権はどう使われてきたか

## II-10 野党の意義
# 野党は国会に必要ないのか 石埼学 ... 92
多数決・審議・公開 ／ 議会内少数派（野党）の存在意義
適当な質問時間の配分 ／ 大義のないルール変更

# III 私たちにできることは何だろう

## III-1 自由選挙
### 主権者が自由に声をあげること 永山茂樹 ... 100
「正当な選挙」とはどういう選挙のことか ／ 戸別訪問の一律禁止はどうか
ビラの頒布規制はどうか ／ 棄権する自由はあるか

## III-2 言論・集会の自由
### 民主主義の基礎体力 永山茂樹 ... 106
民主主義を担う基礎体力 ／ 国会を取り巻く民主主義
表現に対する規制は民主主義に対する規制でもある
民主主義に対する攻撃に屈しない基礎体力

## III-3 メディアと政治報道
### マスコミの役割 石川裕一郎 ... 112
権力とメディアの距離 ／ 懸念される日本の報道の自由
報道の自由と取材の自由——日本国憲法と自民党改憲草案を手がかりに
放送の自由——現状と今後の課題

## III-4 選挙制度
### 「一票の較差」を正すには 石川裕一郎 ... 119
自民党の憲法改正条文案にみる選挙区 ／ 「合区」とは
国会議員は誰を代表するのか ／ 「地域の代表」の意味 ／ あるべき参議院とは

## III-5 憲法改正国民投票
### 国民投票は信じられるか 清末愛砂 ... 125
憲法改正手続 ／ 国民投票で民意は反映されるのか
国民投票法は公平か ／ 十分な注意が必要

本書にかかわる憲法条文 ... 132
おわりに .... 139

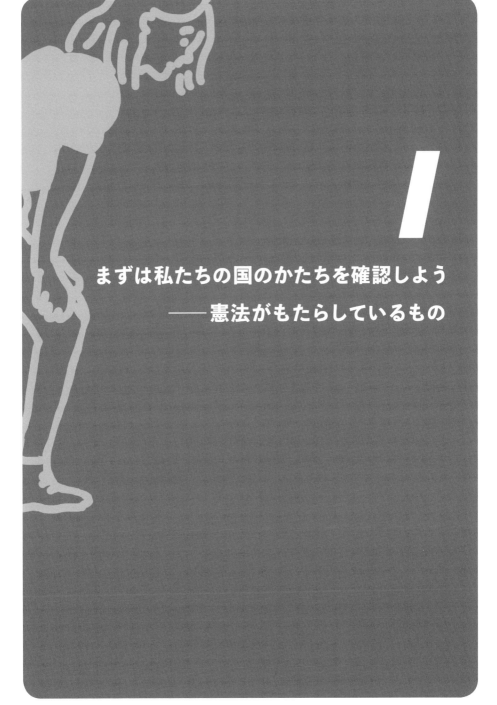

# 1

# まずは私たちの国のかたちを確認しよう
## ——憲法がもたらしているもの

## I-1 国民主権

# 主人公は私たち

## 「ナチスの手口」と国民主権

　国民主権とは何であろうか。一般に「国民が政治の主人公であること」などといわれるが、それだけでははっきりと理解することは難しい。国民主権を理解するために、その対極にあったナチス・ドイツの独裁について、まずは説明する。

　麻生太郎副総理は、2013年7月29日、東京都内で開催されたあるシンポジウムで、憲法改正をめぐり、「ある日気づいたら、ワイマール憲法が変わって、ナチス憲法に変わっていた。誰も気づかないで変わった。あの手口に学んだらどうかね」などと語った（2013年8月1日朝日新聞朝刊）。その「ナチスの手口」をあらためて確認しよう。

　ユダヤ人や障害者の虐殺、他の政治勢力への弾圧、そして周辺諸国への侵略を遂行し、世界を恐怖に陥れたナチスの独裁を肯定的に評価する余地はまったくないことは明らかである。では、麻生氏が「学んだらどうかね」と語ったナチスの「手口」とは何であろうか。そしてナチス・ドイツが独裁国家であったというのはどういうことだろうか。国民主権を理解するために、ごく簡潔に確認しよう。

　ヒトラーの率いるナチスは、1932年7月の議会選挙で第1党となった。そして1933年1月にヒンデンブルク大統領によってヒトラーは首相に任命された。ナチスは、同年3月の選挙でさらに議席を増やす。この前の2月に、今日ではナチスの自作自演と考えられているが、当時は共産主義者の犯行とされた国会議事堂炎上事件が発生し、それを口実にして共産主義者が厳しく弾圧されたもとでの選挙であった。

　そして選挙後の1933年3月24日に、全権委任法（「民族及び国家の危難を除去するための法律」）が、ヴァイマール憲法76条の手続（憲法改正手続）によって議会で可決された。この委任法は、政府に立法権を付与し（1

条)、その政府が定立する法律は憲法を改廃する効力をも有する（2条）というものである。さらに1934年8月の国家元首法によってヒトラーが「総統」として終身的に大統領権限をも掌握することとなった。ここにヒトラーの独裁は完成する。

　ナチスの「手口」という場合、全権委任法によって政府が立法権だけではなく憲法改正権をも掌握し、その後にヴァイマール憲法を侵食していったことを指すと理解するのが自然であろう。国家元首法に基づく終身の「総統」へのヒトラーの就任は、独裁の完成という意味では全権委任法の制定と同様に重要であろう。

　つまりナチスの「手口」とは、まず立法や憲法改正の手続を改正してそれらを政府に集中し、その後に政府の思うままに立法や憲法改正を行い独裁国家をつくりだしたということである。

　また国家元首法によってヒトラーが大統領の権限も掌握した終身の「総統」となり、それ以降大統領選挙も実施されてない以上、ナチスの独裁政府にはおよそ民主的正当性はないと考えられる。そのことをもってこの独裁政権が国民主権原理に反すると評価することも可能である。しかしもう少しよく考えると、本来は国民みんなのものである国家権力を独裁者が「我がもの」としてしまったことこそが本質的に国民主権原理と相容れない。そのことを以下、日本国憲法に則して説明する。

## 日本国憲法の国民主権原理

　日本国憲法は前文と1条で国民主権原理を採用することを明示している。しかし主権を有する国民とは誰か、主権とは何か等について、憲法研究者の間ではとくに1970年代以降、厳しい論争があり、今日まで諸説が対立している。つまり憲法研究者の間でも、国民主権についての共通の理解は、現時点で存在しないのである。一応、最も支持を集めている学説では、国民主権という場合の主権とは、国政のあり方を最終的に決定する権威または力と定義されている。この意味での主権を担うの

が国民であり、その国民とは、国籍保持者の総体[*1]であるとされている。簡単にいえば、国民主権とは、国政の正当性が国籍保持者の総体である国民から由来するということを意味するにすぎないのである。

したがって、国民主権原理を採用する国家であっても、その統治制度は、大統領制であったり、議院内閣制であったりとさまざまである。すなわち、国民主権原理を具体化する統治制度はさまざまでありうるというわけだ。さまざまとはいえ、①立法権を有する国家機関（議会や大統領）が選挙によって選ばれること、および②それらの機関を担う者の任期があることという共通点が、国民主権原理に基づく統治制度には存する。日本国憲法の場合、立法機関である国会（憲法41条）の構成員（国会議員）が普通選挙によって選出され（憲法15条3項、44条）、衆議院議員の任期は4年（憲法45条）、参議院議員の任期は6年（憲法46条）と定められている。「衆議院議員総選挙の後に初めて国会の召集があつたときは、内閣は、総辞職をしなければならない」（憲法70条）とされているので、内閣総理大臣および他の国務大臣も4年を超えてそのまま在任することはできない。

ナチスの「手口」についていえば、まず全権委任法で①のルールを破壊した。選挙によって直接に選ばれる機関ではない政府に立法権等を移してしまったのである。そして国家元首法によって②のルールを破壊した。任期の定めのない「総統」職にヒトラーが終身的に居座ることになったのである。したがって国民主権原理を尊重するのであれば、ナチスの「手口」から学ぶべきことは何もない。そういう理由で麻生氏の発言は、まったく容認する余地のないものであった。

## 国民主権の意義

国民主権原理について、もう少し深く考えてみよう。

---

[*1] なお筆者は「国籍保持者の総体」ではなく日本に定住する者の総体と定義すべきであると考えている。

主人公は私たち

　日本国憲法は、前文と1条で国民主権原理を採用したことを明記している。その意義は、なによりもまず、君主主権原理の否定であった。1889年に制定された大日本国憲法は天皇を「統治権」の「総攬」者（4条）とする君主主権原理を採用した憲法であった。君主である天皇には、当然、任期の定めなどない。立法権も、天皇のそれに帝国議会が「協賛」（37条）するものとされていた。

　日本国憲法は、この君主主権原理を否定した。しかし、だからといって国民が実際に統治権（立法権、行政権、司法権などの国家権力そのもの）を直接に行使できるようになったわけではない。国民主権原理を採用した憲法のもとでも、個々の国民は、日頃は、それらの統治権の行使を普通選挙によって選ばれた国民代表者（憲法43条）等に委ねているのである。では、国民主権原理とは何か。君主主権の否定以上の意味を国民主権という文言は担っているのであろうか。憲法学の多数説では、国民主権原理は、立法権、行政権、司法権等の国家権力の正当性の源泉が、神などではなく国民にあることを示すにすぎないものと理解されている。一人ひとりの国民は、表現の自由（憲法21条1項）や請願権（憲法16条）などの権利を行使して国政に対して自由に意見を述べ、また具体的な要求をすることが憲法で保障されており、それらの権利行使が政治や社会に大きな影響を事実上与えることはあるものの、だからといって国民が国家権力を行使したとはいえないだろう。

　このように憲法上の国民主権原理は、憲法学的にみれば、わりと味気ないものなのである。しかし、その味気ない国民主権原理には、民主主義の根幹をなす重要な意義が含まれていると筆者は考えている。

　宮沢俊義という憲法学者が大変に興味深いことを書いている。憲法の国民主権の「国民」は、「日本人の全体」すなわち「特定の誰それではない。むしろ、誰でもである」[*2]というのだ。つまり主権の「保持者」は存在しないということだ。主権は、誰のものでもないというのだ。いかなる個人であれ集団であれ、何人も主権を自らに属するものと僭称するこ

---

*2　宮沢俊義『憲法の原理』（岩波書店、1967年）287頁。

とはできないということになる。君主主権原理に基づく国家や独裁国家では、主権は君主のものである。それに対して国民主権原理に基づく国家では、かつてそこに君主が鎮座していた権力の場はもはや誰のものでもなくなり、その場は、選挙の結果として一時的にその場で国家権力を行使する者（国会議員、内閣総理大臣、国務大臣等）の所有物ではなく、それらの者は、国民からの「信託」を受けて、一時的にその場を占めているにすぎないということである。そしてそのことこそが国民主権原理の核心部分だと筆者は考えている。

このように国民主権原理のもとでは、いかに能力や財力や腕力がある者であっても、権力の場を合法に「我がもの」とすることはできないのである。「我がもの」とすることそのものが不法なのである。どんなに優秀な人物や集団であっても、内閣総理大臣、国会議員その他いろいろの国家権力を行使しうる地位を一時的に担っているにすぎないのである。いかなる国家権力も誰のものでもないのである。

それゆえ、本来誰のものでもない国家権力を、その一時的な担い手が、「我がもの」であるかのごとくに悪用して、たとえば自らの家族や友人のために行使することが許されないという趣旨も、国民主権原理から導かれるであろう。権力の担い手は、そもそもみんなのものである権力をみんな＝全国民のためにのみ行使できるのだ。

## 自民党改憲草案は要注意

麻生氏のナチスの「手口に学んだらどうか」という発言は、その非常識な内容もさることながら、麻生氏もその構成員である自民党が2012年4月にまとめた「日本国憲法改正草案」の緊急事態条項の規定ぶりをあわせて考えると、決して、一政治家の失言として軽視するわけにはいかない。同草案には、内閣総理大臣が「緊急事態の宣言」を発した（98条1項）場合、「内閣は法律と同一の効力を有する政令を制定することができ」（99条1項）、さらに「その宣言が効力を有する期間、衆議院は解散されないものとし、両議院の議員の任期及びその選挙期日の特例を設

けることができる」（99条4項）とされているのだ。つまり草案のこれらの条項では、「緊急事態」に際しては、内閣も立法権を掌握し、国会議員の任期を延長することができるのである。国会議員の任期を延長できるということは、国会によって指名される内閣総理大臣の任期も延長できるということである。

　まったく同じでは決してないが、①直接に選挙されていない国家機関（内閣）に立法権を移し、②国会議員や内閣構成員の任期を延長できるというナチスの「手口」との類似性が見出されるのである。麻生氏は、内外の厳しい批判を受け、ナチスの「手口」発言を撤回したが、この草案は、現在も自民党の憲法改正についての基本的な考え方を示すものとして修正も撤回もされていない。ゆえに日本国憲法の国民主権原理の意義について、国民がよく理解し、それに反するような政治的言動には常に警戒をし、批判をしなければならないのだ。

（石埼学）

## I-2　直接民主制と間接民主制

# 私たちの世界をつくる

## 日本国憲法における「民主主義」とは

　民主主義＝民主制（democracy）国家にとって重要なのは「主権者たる国民の意思を直接そのまま政治に反映させることである」という考え方がある。そして、とりわけ国民の重大な関心事を決める際は、議員らの話し合いと決定にすべてを委ねるのではなく、国民一人ひとりが自らの意思を明らかにすること、すなわち国民投票を積極的に活用すべきであるとの見解がある。要するに、一国の命運を左右する争点を国民一人ひとりが考え、それに対してみずからの意思を示す一票を投じることこそまさに民主主義である、というのである。さて、このような考え方にとくに問題はないように思われるが、ここに民主主義の理解をめぐる古くて新しいひとつの問いが潜んでいる。「直接民主制と間接民主制のどちらが優れているのか」という問いである。

　この問いについて考える前に、まずは憲法の条文をみてみよう。といっても、実は日本国憲法に「民主主義（民主制）」という言葉は一度も登場しない。しかし、その前文において「主権が国民に存する」ことが宣せられ、1条において「主権の存する国民」と述べられていることから、憲法は「国民主権原理」を採用していることがわかる。国民主権の意義そのものについてはⅠ-1に譲るとして、ここではその意味を簡単に「一国の政治の行く末を最終的に決める権限は国民にあるという考え方」くらいに理解しておこう。そして、国の政治の行く末は国民が決めるということは、民主主義原理に即したものであることにほかならない。

　そして、その民主主義原理の実現方法に関して憲法は、「日本国民は、正当に選挙された国会における代表者を通じて行動」することと、「そもそも国政は、国民の厳粛な信託によるものであつて、その権威は国民に由来し、その権力は国民の代表者がこれを行使」（前文）することを宣

明している。このことから、日本国憲法は間接民主制を原則としていると解される。

しかし、その一方で日本国憲法は、国民が自らの代表である議員を介さずに直接国政にその意思を反映させる機会を3つ用意している。最高裁判所裁判官の国民審査（憲法79条）、地方特別法制定のための住民投票（憲法95条）および憲法改正国民投票（憲法96条）である。さらに地方自治体（都道府県と市町村）レベルでは、地方自治法に基づき、住民による条例制定改廃請求（地方自治法74条）、事務監査請求（同75条）、議会解散請求（同76条1項）、議員解職請求（同80条1項）、首長解職請求（同81条1項）、役員解職請求（同86条）、町村総会（同94～95条）といった直接民主制的な諸制度も設けられている。

このように、直接民主制的要素と間接民主制的要素の組み合わせが、日本国憲法が想定する民主制＝民主主義であるといえる。では、なぜこのような複雑な構造になっているだろうか。以下、そのことを考える糸口として、歴史的に現出したとされる民主主義の「欠点」をみてみよう。

## 民主主義の「欠点」とその克服の試み

その欠点とは、20世紀前半に世界各地で表面化した民主主義の危機、つまり全体主義の登場を招いたことである。とりわけ、1930年代ドイツにおけるヴァイマール共和国の崩壊とナチス独裁の成立[1]は、それまでの民主制理論に深刻な反省を迫ることになった。すなわち、「民主的な」選挙を経て「合法的に」政権の座に就いたナチスがその民主主義を破壊するというパラドクスに際し、とりわけ政治学と憲法学のように公

---

[1] 1928年5月、初の国政選挙に臨んだナチス（国民社会主義ドイツ労働者党）は12議席を獲得する。その後、107議席で第2党（1930年9月）、230議席で第1党（1932年7月）と選挙のたびに順調に勢力を拡大したナチスは、いったん196議席（同11月）に減じるも、国会議事堂炎上事件を受けた共産党弾圧直後の選挙（1933年3月）では288議席を獲得する。そして、全権委任法成立によりヴァイマール憲法が事実上停止され、他のすべての政党も禁止ないし解散となった後の選挙（同11月）でナチスは全661議席を独占するに至るのである。

権力の組織と統治を扱う学問においては、「民主主義の自己破壊」への対処が深く認識されるようになったのである。

　まず、政治学の世界では、民主主義による統治を基本としつつも、その暴走を抑え、かつ市民の実質的な政治参加を可能とする方途が探られた。その代表例のひとつが、経済学者ヨーゼフ・シュンペーターが唱えた「競争的エリート民主主義」である。それによると、市民が自ら政治に参画するのではなく、互いに競争しつつ政治に直接携わる政党や政治家といったエリートを市民がコントロールすることによって民主主義を実現すべきである、すなわち、国民の役割は直接政治を行うことではなく、政治を行うエリートの選出にあるとされる。また、政治学者ロバート・ダールは、「ポリアーキー」[*2]という概念を用い、利害関係を一にする多種多様な集団や結社の交渉や連携を通じた市民の政策決定への関与の重要性を説いた。さらに、市民の政治参加が投票の場面に限られがちな間接民主制の欠点を補完するものとして、さまざまな市民運動・住民運動等の役割を重視する「参加民主主義」も有力に説かれている。

　その一方で憲法学の世界では、民主的に選ばれた議会と政府が違憲の立法あるいは行為を行わないように司法権が監視する「違憲審査制」の必要性が広く認識され、また実際にヨーロッパ諸国を中心に多くの民主主義国家に違憲審査制が導入されていった。また、それと並行して間接民主制を補完するものとして、直接民主制的な制度を憲法秩序に組み込むという動きも各国でみられた。すなわち、議会制という間接民主制を基調としつつも、日本国憲法における国民主権原理実現の手段としての憲法改正国民投票や地方特別法制定のための住民投票のように、直接民主制的な諸制度が各国の憲法（あるいは法律）に取り入れられるようになったのである。

---

[*2] ダールが提唱した自由民主主義的政治体制の分析概念。それによると、自由民主主義の政治体制は、「公的異議申立て（政治権力批判の自由）」と「包括性（政治権力への参加）」という2つの相互に独立した基準により分析される。

# 国民投票のもたらす政治的インパクト
## ——近年のヨーロッパの事例から

　このように、間接民主制を基本としつつも、国家国民にとって重大なことがらについては国民投票のような直接民主制的なしくみによって事を決するという制度が組み込まれているのが、現在の多くの国にみられる民主制の様式といえる。ところが、その国民投票が、とりわけ1990年代以降のヨーロッパにおいて国政の行方を想定外の方向に導くような事態が頻発するようになったのである。

　たとえば、1992年2月、欧州連合の創設を定めるマーストリヒト条約の批准がデンマークで実施された国民投票によって否決されたことは、「デンマーク・ショック」として当時の欧州共同体（EC）加盟諸国に大きな衝撃を与えた。なお、翌1993年5月、同条約は、例外条項を設けた議定書が付されたうえでデンマークにおいて再度国民投票にかけられ、今度は承認を得るという形で決着をみた。しかし、いったん国民投票で否決された案件をそのほぼ1年後に（修正されたとはいえ）再度国民投票に付すやり方には疑問も呈された。

　同様に、2005年には欧州憲法条約がオランダとフランスの国民投票で相次いで否決された。そのうちオランダでの国民投票に法的効力はなかったものの、その政治的インパクトは強大であり、オランダ政府としてはその国民の意思に逆らってまで批准手続を進めることはできなかった（こちらは再度国民投票にかけられることはなく、2007年に新たな条約〔リスボン条約〕が署名されている）。

　いずれも、各国内の主要政党間において各条約に対するコンセンサスがおおかた成立していたにもかかわらず、国民が直接ノーを突きつける形となった例である。加えてこれらの事例では、それぞれ所属政党の決定に反旗を翻しても条約批准に反対した有力政治家が与野党を問わず少なくなかった。このように、国民の意思を置き去りにして専らリーダー間の合意で政治を進めようとした欧州連合（EU）諸国の主要諸政党は、その手法に深刻な反省を迫られることとなったのである。

## 直接民主制と間接民主制どちらがよいか

　以上のようなEU諸国でみられた傾向は、21世紀に入ってからさらに強まっている。たとえばアメリカにおける、政治経験が皆無だった実業家トランプ氏の大統領当選、および左派ポピュリズム[*3]の表れとも評された「サンダース[*4]現象」（2016年）はその代表例である。これらは、二大政党制の慣行が定着しているアメリカ政治において、しかしアメリカ大統領選挙は本来直接民主主義的要素を秘めているということを私たちに想起させた。また、イギリスのEU離脱を決定づけた国民投票（2017年）も、やはり主要政党リーダー間では「EU残留」でほぼコンセンサスが成立していたにもかかわらず、国民の示した意思がその逆になった例である。

　さて、以上のことから日本の政治はどのような教訓を導きだすべきだろうか。実際のところ、もとより「直接民主主義と間接民主主義のどちらが優れている（劣っているか）か」というオール・オア・ナッシングな視点で結論が導きださせる性格のことがらではない。また、日本国憲法が規定する直接民主制的制度は、それほど単純な制度ではない。たとえば、憲法改正国民投票制度は、単刀直入に改憲案を国民に問うのではなく、その前段階として、国会で丁寧な議論を経たうえで衆参各議院の総議員

---

[*3] ポピュリズム（Populism）は、日本語では「大衆迎合主義」と訳されることもあるが、その意味するところは多様かつ曖昧である。一般には、政治・経済・官僚機構・教育・メディア等を支配するとされるエリート層に対する非エリート層からの異議申立て、あるいは既成の政党・労組などによって組織化されていない大衆を糾合する政治運動とされる。アメリカではとくにネガティヴなニュアンスを帯びた語ではないが、全体主義を経験したヨーロッパでは、とりわけ現代の極右台頭を説明する際に用いられるなど、どちらかというと悪い意味で使われることが多い。なお、日本では、この語は「右派」のイメージが強いので、中道左派的な政策を掲げたサンダース氏の人気を形容するにここでは「左派ポピュリズム」と表現した。

[*4] バーニー・サンダース（1941～）。アメリカの政治家。長年無所属だったが、2016年の大統領選に民主党から出馬、同党主流派の自由主義的な政策を厳しく批判した。既存の支配者層の代弁者とみなされた同党の大統領候補の本命・ヒラリー・クリントン氏を嫌う労働者や若年層を中心に支持を集めた。

数の 3 分の 2 の賛成を要するという間接民主主義的要素をもあわせもつ。その意味では、この制度は、両者の特性を組み合わせた、慎重に設計された制度であるといえる。

　ここで私たちに求められているのは、その直接民主制的要素と間接民主制的要素の意義と特性をしっかりと理解し、しかし最終的には国民が自ら——集合名詞としての「国民」であると同時に「私たち一人ひとり」という意味での「国民」——が国政の重要事項について事を決するという意識をもつことではないだろうか。「民主主義の自己破壊」というリスクを認識しつつも、しかしその民主主義社会の構成員として自ら判断し行動するのは、つまるところ私たち一人ひとりなのである。

（石川裕一郎）

## I-3 立憲主義

# 国家権力の暴走を防ぐ

## 国家権力の基本は憲法によって決められる

　人は誰でも権力をもつと、自分の利益のために（他人を犠牲にして）それを使う誘惑に駆られるようだ。

　このことについて、19世紀イギリスの歴史家アクトンの「権力は腐敗する。絶対的な権力は絶対に腐敗する」という言葉はよく知られる。「絶対的な権力は絶対に腐敗する」とは、最も強力な権力である国家権力の場合に、腐敗するおそれは最も高まるということだろう。またそれは、誰も止めることのできない国王が国家権力を独占した絶王制のもとでとくに際立つということでもあろう。

　そのような国家権力の濫用を許さないために、①侵すことのできない人権を国民に保障し、②国民の意思によって国家を創設し、③国家を国民の意思に服させるしくみが必要だと考えられた。私たちは、こういう思想を立憲主義（constitutionalism）と、またその思想に基づいたルールを憲法（constitution）と呼ぶ。

　憲法というルールの特徴を表すものとして、18世紀末、フランス絶対王政の時代につくられた人権宣言（「人および市民の権利宣言」1789年）がある。なかでも2つの規定、すなわち「いずれの団体、いずれの個人も、国民から明示的に発するものでない権威を行いえない」（フランス人権宣言3条）、「権利の保障が確保されず、権力の分立が定められていないすべての社会は、憲法をもたない」（同16条）を挙げることができる。

　ここで重視されたのは、①表現の自由や所有権などの権利保障、②国民の意思にのみ基づいて形成され、国民の意思にのみ基づいて存在する国家、③恣意的な権力行使を防ぐための権力分立だ。

　こうして憲法は実際に人々の権利を守り、また国家権力を拘束しはじめた。またそれはフランスだけでなく、他の諸国でも受け入れられて

いった。憲法の制定を契機に、世界は、絶対君主の時代から近代立憲主義の時代へと展開したのだ。

## 簡単に変えられないところに憲法の意味がある

　憲法は決して「不磨の大典」（いつまでも色あせず、したがって変える必要のないもの）ではないが、かといって簡単に変えていいものでもない。それはひとつには、憲法＝「国の最高法規」（98条1項）の改正は法体系全体を変動させ、その結果、法の安定性を損なうおそれがあるからだ。もうひとつ本質的な理由は、憲法の拘束を嫌った権力者の思うがまま改憲を許せば、立憲主義は壊されてしまうからだ。そこで改憲には、いくつかの条件が付される（詳しくはⅢ-5）。

　①　多くの憲法で、改憲手続は通常の法律改正より難しく設定される（硬性憲法）。日本国憲法でも、国会の特別多数による発議（各議院の総議員の3分の2以上の賛成）と、国民投票での過半数の賛成が必要である（憲法96条）。

　②　改憲は、きわめて重要な問題に対処するうえで絶対不可欠の場合に限られる。反対に、緊急の必要性がなかったり、必要性が証明されなかったり、改憲以外の手法（法律の制定など）で解決できる問題を解くとき、あえて改憲の手法を用いるべきではない。また改憲によって問題が解決される予想がたたなくてはならない。

　③　憲法改正権は現行憲法に根拠をもつ。だから肝心の憲法を根底から覆す改正は、憲法改正権の限界を超えたものとして認められない。日本国憲法の場合、憲法の三原理（国民主権・平和主義・基本的人権の尊重）を否定する改憲は許されないといわれる。加えて、改憲の要件を緩和する改憲もまた改憲の限界を超えるものだとする主張も有力だ。

　④　改憲には、慎重・公正・透明な話し合いの過程を経るべきである。注意したいのは、憲法が少数派の権利保障において果たす役割だ。もし政治的多数派が好き勝手に議論を進めてしまうと、そういった利益はないがしろにされるおそれがある（憲法手続の詳細はⅢ-5で扱う）。

⑤ 改憲は立憲主義と緊張関係にある。このことから、とくに改憲を主張する側には、立憲主義への強いリスペクトが求められる。現在の憲法をないがしろにするような政治家はそのリスペクトが欠けており、改憲、そして将来の憲法を論じる資格をもたない。

⑥ 憲法の有効性は、時間の経過によって自動的に消滅するわけではない。「制定されたのが昔だから」ということは、改憲の理由とはならないのだ。実際フランスの人権宣言（1789 年）は第 5 共和制憲法（1958 年）に引き継がれ、現在も有効である。またアメリカ合衆国憲法も人権条項は後から付加されているが、統治の基本となる部分は 1788 年の制定以来、200 年以上経った今も維持されている。

## 憲法の三原理こそ日本の理想と未来

憲法は国家権力を縛るということ（形式的立憲主義）と、縛り方はそれぞれの憲法の内容を反映するということ（実質的立憲主義）とは、一応、区別できる。ここで後者に注目しよう。

19 世紀の近代国家では、自由権（精神的・身体的・経済的な活動の自由を保障すること）の保障が求められた。しかし 20 世紀以降の現代国家では、社会経済的弱者の生存を保障する社会権（日本国憲法の場合は、生存権・教育を受ける権利・労働権など）も大切な課題になった。

戦争はどうだろう。かつて国家の軍事力行使を縛るルールはなかった。しかし平和を求める諸国民の運動、国際法の発展（侵略目的の戦争を違法化した不戦条約や、国家の武力行使を制限した国連憲章など）の影響を受けて、第二次大戦後の諸憲法には、戦争に対する制限・禁止規定が置かれるようになった（イタリア共和国憲法 11 条、ドイツ基本法 26 条、フランス第 4 共和制憲法前文など）。つまり現代の立憲主義は、戦争禁止とつながっている。このように実質的立憲主義の中身は、時代とともに発展してきた。

ところで安倍首相はしばしば「憲法とは、日本という国の形、そして理想と未来を語るものである」と述べてきた。

たしかに日本国憲法前文には「政府の行為によつて再び戦争の惨禍が

起ることのないやうにすることを決意し」、「日本国民は、恒久の平和を念願し、人間相互の関係を支配する崇高な理想を深く自覚するのであつて、平和を愛する諸国民の公正と信義に信頼して、われらの安全と生存を保持しようと決意した」とある。このように憲法の中で、過去のあやまちを反省して理想と未来を語ることは、決して悪いことではない。

だとしても、「理想と未来」の名を借りて、国家権力に対する縛りを弱めたり、国民に特定の価値を強要してはならない。そういうことは、人々に自由や権利を保障するという憲法の目的に逆行しているからだ。国旗や国歌を敬うことを国民に義務づける改憲案があるが（たとえば2012年自民党「憲法改正草案」3条）、そういう「理想」を憲法に書くことは、立憲主義に逆行するものである。

## 憲法が国家権力を縛る

安倍首相は「憲法は国家権力を縛るものだという考え方は、王権が絶対権力を持っていた時代の主流的な考え方である」という。彼は国家権力への厚い信頼感をもっているようだ。たしかに立憲主義の起源は絶対君主制と重なっていたが、では現代国家は権力濫用の心配はないと安心してよいのだろうか。

たとえば各国の議会は熱狂したナショナリズムに駆られて第一次世界大戦の参戦に賛成した。ドイツ議会はヒトラーに全権を委ねる法律を制定した[*1]。日本の帝国議会は、軍部を批判した斎藤隆夫[*2]を除名した。こういった苦い経験を踏まえ、現代国家は違憲審査制などの予防策をとっている。それでも国家が犯す過ちを完全に防ぐことはできない。また違憲審査制を採用しても、裁判所の過ちを防ぐのは難しい。

それどころかいくつかの理由から、国家が権力を濫用する危険は強

---

[*1] ヒトラーは、全権委任法（1933年）に基づき権力を掌握した。ホロコースト（600万人のユダヤ人を虐殺）も、この法にもともとの根拠があった。
[*2] 1870〜1949年。帝国議会で日中戦争における日本軍を批判した（反軍演説）ため、1940年に衆議院から除名された。

まっている。

　第一に科学技術の「進歩」だ。そのせいで戦争の惨禍は酷いものになった。また情報通信技術の発達もある。それを使って、国家は国民を日常から監視しているかもしれない。

　第二に（逆説的だが）民主主義だ。現代国家は、普通選挙によって国民から権力を信託されることで、強い民主的正統性を有する（M・ウェーバー）。だからこそ暴走したときの歯止めが効きにくいともいえる。

　第三に権力分立の形骸化だ。とくに権力が行政府（内閣や大統領など）に集中する傾向＝立法府が弱体化する傾向（行政国家現象）は、多くの国に共通する問題である。

　だから今でも、「立憲主義は絶対君主の時代の遺物である」といってはならない。いや、国家権力の危険性を否定する為政者こそ「現代の絶対君主」ではないだろうか。

（永山茂樹）

**I-4** 平和と人権

# 人々の命と権利を守る

## 平和はいかにして担保されるか

　安倍自公政権が多用する用語のひとつは「平和」である。同政権は、たとえば、2015年9月19日に強行採決のうえ、成立させた一連の安全保障関連法制（「戦争法」と呼ぶ人もいる）のことを、「平和安全法制」と呼んでいる。では、ここでいう「平和」とは何を意味し、それに対し人々はいかなる反応をどのような手段で示してきたのであろうか。議論を始める前に安全保障関連法制の概要を簡単に説明しておこう。

　安全保障関連法制のもとでは、実際に日本が何らかの武力攻撃を受けているわけでもないのに、首相が日本に危機が迫っている、すなわち「存立危機事態」（武力攻撃・存立危機事態法2条4号）にあると判断すれば、自衛隊に対し防衛出動命令（自衛隊法76条1項）を出し、世界各地で武力行使ができる（＝集団的自衛権の限定行使容認。自衛隊法88条1項）。また、同法制のもとでは、他国軍への後方支援活動を大幅に拡大し、「国際平和共同対処事態」「重要影響事態」等の名の下で、現に戦闘行為が行われていない現場（重要影響事態法2条3項、国際平和支援法2条3項）であれば、他国軍への武器の輸送・弾薬の提供・給油等ができる。なお、戦闘中に遭難した他国軍兵士の捜索救助活動については、すでに遭難者が発見されており自衛隊がその救助に着手している場合には、現に戦闘が行われている現場であっても安全が確保されていると判断されると、活動の継続が可能である（重要影響事態法7条6項、国際平和支援法8条6項）。

　つまり、世界中での武力行使を可能とし、戦闘行為に出る他国軍へのさまざまな支援を行うことができるという意味において、安全保障関連法制は憲法の平和主義原理、および戦争・武力行使・武力による威嚇を禁じる憲法9条1項に違反するものである。すなわち、安倍自公政権がいう《平和》とは、軍事力とその行使に依拠することを前提とするもの

であり、それを法制化したものを「平和安全法制」と呼んでいるのである。

　そうであるからこそ、多くの野党が共闘して安全保障関連法制に反対し、多数の市民が国会前を含む日本各地で連日にわたって抗議行動を展開したのである。憲法研究者、各大学の教職員有志、学会（学術団体）を含む多数の団体等も次々と反対声明を出した。また、100を超す市町村議会が意見書や反対声明を採択した。しかし、最終的には国会の議席の過半数以上を占める政権与党等が、こうした反対の声にはいっさい耳を傾けることなく、数の論理を用いて強行的に同法制を成立させるに至った。

　日本各地で盛り上がった安全保障関連法制反対運動は、まさに軍事力の拡大と行使を可能とする政策に対し市民が民主主義を担保するための手段のひとつである表現の自由（憲法21条1項）をいかんなく行使し、民主主義の力によって軍事力の拡大によらない平和を求めようとするものであった。これは同法制反対運動だけの特徴ではない。たとえば、2003年のイラク戦争開戦時に世界各地の同様の運動と連携しながら、日本でも反対運動が大きな盛り上がりをみせた。このように、人々は人を殺傷し、また人の生活の基盤を破壊する戦争・武力行使に対し、さまざまな表現方法を用いて声を出してきたのである。その延長線上に同法制反対運動がある。ここに平和と民主主義との密接なつながりをみることができる。

　一方、武力によらない平和をつくることを求める人々の抗議行動に対して、その声を封じ込めるために公権力が激しい弾圧をすることがある（Ⅲ-2参照）。その顕著な例として、①沖縄本島北部の東村高江で米軍のオスプレイの着陸帯（ヘリパッド）の建設に反対し、非暴力による抗議行動を続けてきた住民やその支援者に対し、県内外の機動隊が大量動員され弾圧を繰り返した事件（2016年）、②沖縄北部・辺野古で米軍の新基地建設に反対し、非暴力による抗議行動を続けている沖縄の人々やその支援者を機動隊が強制的に排除したり、排除した人々を裁判所からの令状もないのに、歩道上で柵や機動隊の車両等で囲むことで一定時間拘束（法定手続に基づかずに自由を奪う行為であり、憲法31条違反のおそれがある）している状況を挙げることができる。こうした公権力による弾圧は、民主

沖縄県・辺野古で座り込みをする人々を取り囲む機動隊
（2018年4月27日、筆者撮影）

主義によって平和を担保しようと考える人々の生き方とは対極的に位置づけられるものである。

## シビリアン・コントロールの崩壊と軍事優先社会

2018年4月16日、防衛省・統合幕僚監部の3等空佐が自分を自衛官と認めたうえで、小西洋之参議院議員に対し路上で暴言を吐き、愚弄する事件が起きた。この3等空佐は「ばかなのか」「気持ちが悪い」「国のために働け」と言ったことは認めているが、小西議員は繰り返し「国民の敵」と言われたと主張している（2018年5月9日北海道新聞朝刊）。この事件に対し、防衛省は同空佐を訓戒処分（懲戒処分に比べ軽い処分）にした。

憲法66条2項は、内閣総理大臣その他国務大臣が文民（シビリアン）でなければならないことを規定している。これは現行憲法の制定議会であった第90回帝国議会貴族院の審議の際に導入されたものである。軍の独走を許した大日本帝国の歴史に鑑み、社会の民主化を徹底するため

には必要不可欠な規定である。また、平和主義原理の観点からシビリアン・コントロール（文民統制）を徹底するためにも、当然の規定であるといえよう。

　憲法9条2項で戦力の保持が禁じられているため、政府は1954年に設置された自衛隊を「自衛力」（＝自衛のための最小限度の実力）と位置づけた。日本のシビリアン・コントロールは、首相が自衛隊の最高指揮監督権を有し（自衛隊法7条）、また防衛大臣（防衛庁が防衛省に昇格されるまでは国務大臣が担う防衛庁長官）が自衛隊を統括するとともに（同8条）、防衛大臣を文官（背広組）の官房長や各局長が補佐する形（＝背広組優位）で図られてきた。しかし、それは、2009年に防衛参事官（文官）の廃止により制服組（自衛官）の権限が強化されてから、徐々に形骸化されるようになった。それらの動きを示すものとして、たとえば、①2013年制定の国家安全保障会議設置法により設置された国家安全保障会議の事務局である国家安全保障局に、制服組がスタッフとして含まれることになったこと、②2015年に行われた防衛省設置法12条の改正により背広組優位が完全に終わり、制服組の陸・海・空の幕僚長が背広組の官房長や各局長と対等に防衛大臣を補佐できるようになったこと等が挙げられる。

　このように制服組の権限強化が進められてきたなかで、上記の3等空佐による暴言事件が生じたのである。これは、民意を代表する国会議員が制服組を統制できないレベルにまでその力が現実に大きくなっていることを示す象徴的な事件であったといえるのではないか。日本社会の民主化とシビリアン・コントロールの関係について、政治学者の纐纈厚氏は「民主主義社会において、それと原則的には共存できないはずの軍事組織である自衛隊が、それでも共存を許されるとすれば、それは『シビリアン・コントロール』という民主主義社会における軍の存在を保証する制度の履行しかない」[*1]と述べている。これはすなわち、軍事組織を有する社会においてシビリアン・コントロールがまったく効かなくなっ

---

[*1]　纐纈厚『集団的自衛権容認の深層——平和憲法をなきものにする狙いは何か』（日本評論社、2014年）148〜149頁。

たとき、それはまさに民主国家の終焉を意味するということである。

　安全保障関連法制に基づく自衛隊の活動が積み重ねられるほど制服組の存在力が増し、軍事優先社会がつくられていくことになろう。また、将来的に自衛隊の憲法明記がなされ、自衛隊が憲法上の公的な存在になるようなことが起きれば、その力はさらに大きくなることが予想される。

　そうなると、さまざまな側面・レベルで社会の軍事化が進み、人々はそれを支えることが求められるようになるだろう。また、時間の経過とともに、人々は軍事化に慣れさせられていく一方で、それに違和感を覚える人々が異を唱えにくい社会にもなるだろう。

　加えて、そういう社会では異を唱えようとする場合に、公権力が「国益」「公益」「治安の維持」「緊急事態」等の名目で表現の自由を侵害し、弾圧することが考えられる。上述したように、現在においてすら沖縄で基地建設に反対する人々を機動隊が強制的に排除するような状況が起きていることに鑑みると、その恐ろしい未来図は容易に想像できる。軍事優先社会のひとつの特徴はまさにものが言えない／言いにくいということにあり、言い換えるとそれは民主国家の否定を物語るものなのである。

## 民主主義は人権を抑圧するか

　ここまでは、平和と民主主義との関係について述べてきた。最後に民主主義、とりわけ議会制民主主義と人権との関係について考えることにする。民主主義はマジョリティ（多数派）を利する多数決の論理でしかなく、社会的に虐げられてきたさまざまな立場のマイノリティ（少数派）を抑圧するものだと主張する声をたびたび耳にする。たしかに、上述の安全保障関連法制の成立時のように国会内でのマジョリティである政権与党等が反対の意見に耳をいっさい傾けず、数の論理で強行するような場合は大いに問題がある。

　しかし、多数派民主主義では、本当にマイノリティの人権を守ることができないのであろうか。問題は多数派民主主義だからなのではなく、むしろ力を現実に有しているマジョリティが、マイノリティの存在を意

識的または無意識のままに無視することがまかり通っている状況にあるのではないだろうか。その結果、たとえば、立法府で少数派の人権擁護のための立法がなされず、社会的に力を有している一部の人のみを利する立法がなされるといった問題が生じるのではないだろうか。そうした状況が続くかぎり、マイノリティの人権は擁護されない。

　では、その状況の改善のために何がなされなければならないのだろうか。そのひとつは、立法府内のマジョリティである政権与党の議員に、社会のマイノリティの状況と立法解決の必要性を理解させることである。そのためには、議員まわりや院内集会（議員会館で行う主には議員向けの集会）の開催等によるロビーイング活動を丁寧に行うことが求められる。同時に社会的な意識を喚起し、立法に対する支持を得るための各種の啓発活動を積極的に行うことも必要とされる。これらの積み重ねがマイノリティの人権擁護につながる道のひとつを形成することになるのではないだろうか。

　こう考えると、多数派民主主義が必ずしも人権と対立するものではないことがわかる。もちろん、人権擁護、とりわけマイノリティの人権擁護のためには、選挙の際に人権意識が高い議員が当選できるような社会を築くことが重要であることはいうまでもない。同時に、すでに選出されている議員の意識を変革するための試みがなされなければならないということである。こうした試みは結果的に社会の民主主義を熟成させることになり、マイノリティが生きやすい社会が生まれることになる。

　まとめになるが、本稿で示したように、平和と民主主義および人権と民主主義は決して反目しあう関係にはない。むしろ、平和と人権を基調とする社会をつくりあげるためには民主主義が必要なのである。また、平和と人権の達成のためには、公権力が社会の構成員の生命や生活を軽視し、さまざまな手続を無視したり、たとえば、イラクや南スーダンに派遣された陸上自衛隊の日報隠ぺい問題に象徴されるように、公的な記録を隠すようなことがあってはならないこともあわせて言っておきたい。こうした独走が民主主義の否定と独裁国家の誕生につながるからである。

（清末愛砂）

# 今の国会おかしくない？
## ──憲法からみてみよう

## II-1 政治と国民の距離

# 議会は民意を反映しているか

> 記者の眼　貧困と低投票率
> 　格差を広げないために、政治は何ができるのか。
> 　そんな問いの答えを求めて、私は参院選前の三カ月間、貧困家庭に無償で食料を配る「フードバンクかわさき」(川崎市)で同行取材を続けた。だが、食料を受け取る人々に、政治や選挙について尋ねても反応は鈍かった。難病で生活保護を受けている三十四歳の男性は「人さまに迷惑をかけているのに、権利を行使していいのか…」と消えそうな声でつぶやいた。
> 　参院選後、主な配達先の川崎市内七区の今回の投票率と貧困の関係を調べて、がくぜんとした。投票率が最高の区は生活保護の受給率が最も低く、投票率が最低の区は受給率が最も高いという結果だったからだ。
> 　偶然とは思えなかった。区ごとの投票率の差は約10ポイント。「一票」で思いを届けるべき人から政治はあまりに遠かった。低投票率は「政治への無関心」層を表すだけでなく、貧困層のSOSをも映し出していた。
> 　フードバンクの利用者は本来、一番、政治を必要とする人々だ。低賃金の非正規雇用の人も多く、政府が進めた規制緩和に端を発していたり、社会保険料の引き上げで、さらに追い込まれていたりする人もいた。
> 　しかし、疲れ果て、一票という意思表示をしない人々に、政治家は関心を向けようとはしない。ますます置いてきぼりにされる負の連鎖が起きている。
> 　　　　　　　　　　(2016年9月6日東京新聞朝刊・木原育子)

### ■ 何が問題か

民意は議会に反映されているか。
そもそも民意を反映するとはどういうことだろうか。

## 国会議員は全国民の代表？

　憲法15条1項は、選挙権を「国民固有の権利である」とし、憲法44条は、「両議院の議員及びその選挙人の資格は、法律でこれを定める。

但し、人種、信条、性別、社会的身分、門地、教育、財産又は収入によって差別してはならない」としている。つまり普通選挙の原則を定めている。

「選挙人の資格」すなわち公職選挙の有権者は、公職選挙法9条1項で「日本国民で年齢満18年以上の者」とされている。

そして、憲法43条は、国会議員（衆議院議員および参議院議員）を「全国民」の「代表」であるとしている。

憲法は、原則として成人全員が有権者である普通選挙によって選出される、したがって強力な民主的正当性のある国会議員を「全国民」の代表者であると地位づけているのだ。そして国会を憲法41条で「国権の最高機関」とし、立法権（憲法41条）をはじめとする強力な権限を国会に付与しているのだ。

ところが、投票率が44.52％と低迷した1995年の第17回参議院議員選挙および同じく59.65％であった1996年の第41回衆議院議員選挙以後、国政選挙での投票率は長期にわたり低い状態が続いている。

私たちは、通常、国政を国会議員、国会が指名する内閣総理大臣、内閣総理大臣が任命する国務大臣などに託している。つまり私たちは、自ら立法権や行政権等の国家権力を行使するわけではない。多くの国民は、公職選挙法上の成人年齢に達していれば、数年に1度の国政選挙の際に投票をし、国民代表者である国会議員を選ぶだけである。

それでは、国会議員が「全国民」を「代表」するとはどのような意味だろうか。

それは、第一に、国会議員は自己の選挙区や支持母体（業界団体、労働組合、財界団体）等の意見や利益のためではなく、「全国民」のために国会で活動するという意味である。第二に、民意を、できるだけ、立法活動等の国会の権限行使に反映させるべきであるという意味である。

つまり国会議員は、特定の選挙区や団体の意見や利益の代弁者ではなく、全国民のさまざまな意見や利益を国政の場に反映させ、立法活動等を行う存在なのである。

一般に「民意を反映すべき」といわれるが、民意という言葉は難しい。

選挙結果と同視できず、報道機関の世論調査とも同視できない。それらは民意をうかがい知る重要な情報だが、そもそも民意とは、日々移ろいゆく、不定形なものである。それを正確に測定することはおそらく不可能である。

　国会議員が民意を反映すべきだということは、したがって、日々、さまざまな態様で表明される国民の意見や利益を真摯に受け止めるべきだという程度の意味である。そのためにも国民代表者と国民との間の「つながり」(proximité)[*1]が不可欠となるといえよう。

## 代表されざる者

　ところで、国会議員は、衆議院議員であれば任期は４年であり、衆議院の解散がなされればそれより前に失職する（憲法45条）。参議院議員であれば任期は６年（憲法46条）である。

　そこで、もしある議員が次の選挙での再選をめざすのであれば、現実には自らの選挙区や支持母体の有権者の意見や利益をまったく考えないというわけにはいかない。そのなかでもとくに積極的に政治に関与し、また選挙で投票する層の有権者の意見や利益は大いに気になるであろう。若年層世代よりも高齢世代のほうが投票率が高く、そのため議員（候補者）や政党の提示する政策も高齢世代のためのものが多くなってしまっている（シルバー民主主義）という指摘がなされている。

　冒頭の記事はどうであろうか。貧困層[*2]が投票へ行かない傾向があるという。政治に関心をもち、選挙で投票に行く力すら奪われている貧困は、経済的な貧困にとどまらず、最近では「社会的排除」等の概念で認識され、議論や研究がなされている問題である。

　そのなかのある本では、「社会的排除」が「金銭的な欠如だけではなく、

---

*1　糖塚康江「《proximité》考──何を概念化するのか」糖塚編『代表制民主主義を再考する──選挙をめぐる三つの問い』（ナカニシヤ出版、2017年）。
*2　ちなみに厚生労働省の「平成28年国民生活基盤調査」によると、日本の貧困率は15.6％であり、約6.4人に１人が貧困状態にある。

社会の中で、『居場所』がなく、『役割』がなく、他者との『つながり』がない状態」とわかりやすく定義されている[*3]。

　また、ある研究は、「社会的排除」には「経済的な次元」「社会的な次元」および「政治的な次元」の3つの次元があり、その3つの次元は相互に関連しているとする。すなわち、不安定雇用、低賃金労働あるいは失業などの「経済的次元」での排除が、さまざまなネットワークや社会参加の機会の喪失という「社会的次元」での排除の原因となり、社会とのかかわりの喪失が、政治参加の機会や影響力の欠如という「政治的次元」での排除の原因となるというのである。また政治参加や影響力の欠如ゆえに排除された者は不安定な労働や失業等の是正を要求することができないというのである[*4]。

　憲法学の代表制研究で「つながり」が注目され、それとはまったく別の脈絡の貧困や社会的排除の研究でも「つながり」に注目が集まっているのは興味深いことである。

　サークル活動等の社会活動に参加し、政治的な「つながり」をもてる層の人々が選挙に行き、参加する力そしてさまざまな「つながり」すら奪われた層の人々が選挙に行かない傾向があるのではないだろうか。冒頭の新聞記事はそのことを示唆しているが、残念ながら日本についてははっきりとした調査結果等はみあたらない。しかし、すでに紹介した研究で実証されているヨーロッパ諸国やアメリカで起こっていることが、日本では起こっていないともいいきれない。

　この国に、貧困や社会的排除に起因して政治に参加するための「つながり」や力を奪われた人々が一定の割合でいるとすると、国会議員が現実に代表するのは国民のうちの一部、それも比較的安定した生活を送ることができ、さまざまな「つながり」をもった人々だけということになりかねないのだ。

---

[*3]　阿部彩『弱者の居場所がない社会——貧困・格差と社会的包摂』（講談社現代新書、2011年）124頁。

[*4]　アジット・S・バラ／フレデリック・ラペール（福原宏幸／中村健吾監訳）『グローバル化と社会的排除』（昭和堂、2005年）21〜32頁。阿部・前掲書148〜151頁も参照。

この国には、そういう事情で、自らの意見や利益を国政の場に伝える「つながり」も力も奪われた人々は本当にいないのであろうか。代表されざる者はおらず、議会制民主主義が健全に機能しているといえるのであろうか。

## 国民とつながる政治へ

　全国民の代表者である国会議員は民意を反映すべき、すなわち、さまざまな態様で表明される国民の意見や利益を真摯に受け止めるべきであり、そのためにこそ国民との「つながり」を大切にする必要がある。

　しかし、自らの意見や利益を主張する力さえ奪われた者たちの「声なき声」を聴きとり、政策を形成するモチベーションは、国会議員や政党にはもちにくいだろう。貧困や社会的排除と政治的無関心や低投票率との「負の連鎖」は、国会に代表されざる者たちを生み出し、議会制民主主義を「全国民」のためのものではなくしてしまう危険がある。

　政治的無関心や低投票率を是正するために、「主権者教育」の必要性などが説かれている。しかしそれだけではなく、それらの現象が貧困や社会的排除に起因しているのではないかと考える余地があるのではないか。そしてそのことが、議会制民主主義の機能不全に何らかの影響を与えてはいないだろうかと考える必要があるだろう。

（石埼学）

## II-2 公的文書の取扱い

# 文書の改ざんは許されるのか

> 森友文書、書き換えの疑い　財務省、問題発覚後か　交渉経緯など複数箇所
>
> 　学校法人・森友学園（大阪市）との国有地取引の際に財務省が作成した決裁文書について、契約当時の文書の内容と、昨年2月の問題発覚後に国会議員らに開示した文書の内容に違いがあることがわかった。学園側との交渉についての記載や、「特例」などの文言が複数箇所でなくなったり、変わったりしている。複数の関係者によると、問題発覚後に書き換えられた疑いがあるという。
>
> 　内容が変わっているのは、2015〜16年に学園と土地取引した際、同省近畿財務局の管財部門が局内の決裁を受けるために作った文書。1枚目に決裁の完了日や局幹部の決裁印が押され、2枚目以降に交渉経緯や取引の内容などが記されている。
>
> 　朝日新聞は文書を確認。契約当時の文書と、国会議員らに開示した文書は起案日、決裁完了日、番号が同じで、ともに決裁印が押されている。契約当時の文書には学園とどのようなやり取りをしてきたのかを時系列で書いた部分や、学園の要請にどう対応したかを記述した部分があるが、開示文書ではそれらが項目ごとなくなったり、一部消えたりしている。……
>
> （2018年3月2日朝日新聞朝刊）

### ■何が問題か

国会において公文書が改ざんされていたことはどのように評価されるべきか。そもそも民主主義にとっての公文書の意義とは。

## 森友学園疑惑にからむ公文書改ざんのスクープ

　大阪府豊中市の国有地が鑑定価格である9億5600万円より8億円以上も安い1億3400万円で学校法人「森友学園」に売却されたのは、

2016年6月のことであった。この売却価格が「適正な対価」(財政法9条1項)といえるのか、8億円を超える「値引き」に根拠があるのか等が問題となっているのが森友学園問題である。

この「値引き」等に安倍首相やその夫人の安倍昭恵氏の何らかの関与があったかどうかが重要な争点となっている。昭恵氏が同学園が設立しようとした小学校の名誉校長となっていた(問題発覚後の2017年2月に辞任)等の事情があるからだ。

この問題は、2018年3月2日に、驚くべき事態へと発展した。上記の国有地の取引の際に財務省が作成した決裁文書[*1]が書き換えられ、書き換えられたものが国会議員らに配付された疑いがあると、同日の朝日新聞朝刊が報じたのである。この報道内容は真実であった。財務省は、3月12日、朝日新聞が報道した公文書を含めて14もの決裁文書が改ざんされたことを認めたのだ。

## 議会制民主主義と公文書の意義

現時点(2018年5月30日)で誰が何のために公文書の改ざんをしたのかは定かではないが、公文書の改ざんは、公文書変造罪(刑法155条2項)という犯罪に該当し、1年以上10年以下の懲役に処せられうる行為である(同条1項)。しかし、この改ざん事件は、それだけにとどまらない問題を含んでいる。

2017年2月に森友学園への格安での国有地売却問題が明らかになり、その後、この問題について、1年以上にわたり断続的に国会審議がなされてきたが、その国会での審議の基礎となる公文書が改ざんされたものであったのだ。これは、内閣による国会軽視どころか、国会に対する愚弄であり、国会での審議の基礎となる公文書の信頼性が揺らぐという議

---

[*1] ここで問題となっている「決裁文書」は、公文書管理法2条4項の「行政文書」に該当する。それは同項で「行政機関の職員が職務上作成し、又は取得した文書……であって、当該行政機関の職員が組織的に用いるものとして、当該行政機関が保有しているもの」と定義されている。

会制にとって非常に深刻な事態である。

　議会制民主主義にとって、内閣の指揮監督下にある行政機関から提出される文書や資料等は審議の基礎である。もちろん議員が独自に調査し作成した資料等も重要である。しかし、日々の統治は憲法および法律に基づいて行政機関が遂行しているのであり、その記録となる文書や政策遂行のための資料等は、すべて終局的には議会に対して行政活動について説明をするためにも不可欠なものである。その行政機関の作成した文書や資料が、虚偽の事実を含むものであったり、改ざんされたものであった場合には、行政活動について行政機関が議会への説明をなしたとはいえず、議会での審議は無意味なものとなる。

　憲法に公文書についての定めはないが、内閣の国会に対する連帯責任（憲法66条3項）についての条項等は、当然に、行政機関が国会に提出する文書等がその内容も含めて真正なものであることを前提としている。

　公文書管理法（平成21年法律66号）という法律がある。同法1条は「国及び独立行政法人等の諸活動や歴史的事実の記録である公文書等が、健全な民主主義の根幹を支える国民共有の知的資源として、主権者である国民が主体的に利用し得るものである」と公文書の民主主義にとっての意義を明記している。この条文の文言からも明らかなとおり、公文書は、国家の統治の記録であり、民主主義の根幹を支えるものである。

　以上でわかるとおり、森友文書改ざん事件は、日本の議会制民主主義の存立基盤にかかわるきわめて重大な出来事である。

## 森友学園問題の検証は公正に行われたのか

　森友学園への国有地の売却については、憲法90条に基づき設置されている会計検査院が、すでに2017年11月22日、この「値引き」について、①財務省による売却価格決定手続が「適正を欠いていた」、②「値引き」の根拠となった地中のゴミの算出方法には「十分な根拠が確認できない」、そして③土地売却の適正さを裏づける資料が残されておらず「会計経理の妥当性について検証を十分に行えない状況だった」などとする

検査報告書を参議院に提出し、また公表していた（2017年11月23日読売新聞朝刊）。

　つまり、国有地の森友学園への格安での売却については、すでに憲法90条が直接設置している国家機関である会計検査院が手続、実態および根拠資料について適正さを欠くものであったと判断しているのである。現時点（2018年5月30日）で、この判断を覆す資料や説明は政府からなされていない。それどころか、2017年の通常国会で政府が「廃棄した」としていた当該土地の売買の交渉関連記録の一部の存在が明らかとなる（2018年2月1日毎日新聞夕刊一面）など疑惑は深まるばかりであった。そこに、今度は、公文書の改ざん事件が持ち上がったのだ。

　法的にみれば、もし当該国有地の売却が「法律に基づく場合」にあたらず、かつ「適正な対価」のないものであるならば、当該国有地の売却は、「国の財産は、法律に基く場合を除く外、これを交換しその他支払手段として使用し、又は適正な対価なくしてこれを譲渡し若しくは貸し付けてはならない」と規定する財政法9条1項違反である。ひいては、憲法83条の定める財政議会主義の趣旨を没却するものである。同条は「国の財政を処理する権限は、国会の議決に基いて、これを行使しなければならない」としており、国有財産の管理や処分も含む「国の財政を処理する権限」を国会のコントロール下に置いているのである。

　森友学園問題は、国有地の売却そのものが、国民代表機関（憲法43条）であり、「国権の最高機関」（憲法41条）である国会に付与された「国の財政を処理する権限」を無視するものである疑いが濃厚であり、かつ売却の手続、実態および根拠資料について、政府が国会に対してきわめて不誠実な説明しかしてこなかった疑いも濃厚な事件である。さらに国会議員らに対して財務省から配付された公文書が改ざんされていたことがわかったのだ。

　森友学園問題は、財政議会主義の趣旨を没却した国有地の「適正な対価」のない譲渡の疑い、国会に対する政府の不誠実な答弁、国会議員に改ざんされた公文書が配付されていたなど、憲法の定める議会制民主主義の根幹を揺るがす重大な憲法問題なのだ。

## 国会に課せられる責任

「全国民」を「代表」する国会議員（憲法43条）から構成される国会は、「国権の最高機関」である（憲法41条）。

「国権の最高機関」というにふさわしく、国会には憲法によって重要な権限が多く付与されている。

まず国会には立法権が付与されている（憲法41条）。国会が制定する法律は公務員を拘束し、また国民の権利を制限し、国民に義務を課す重要な法規範である。

国会には、憲法改正の発議権（憲法96条1項）が付与されている。何らかの必要不可欠な政策を遂行することが現行憲法のもとではできないと判断した場合、国会は、国民に対して憲法改正案を発議できるのである。

内閣の作成する予算案（憲法86条）の承認も国会の権限である（憲法86条、60条）。「国の財政を処理する権限」も「国会の議決」に基づかなければならない（憲法83条）。

内閣の締結する条約の承認も国会の権限である（憲法73条3号、61条）。

そもそも内閣総理大臣を指名するのも国会である（憲法67条）。

このように憲法で国会に付与された権限を一覧するだけで、国会が国政の中心にある国家機関であることがわかる。それゆえに憲法41条は、国会を「国権の最高機関」と称しているのである。

## 内閣が国会に対して負う責任

国民代表機関であり、「国権の最高機関」として国政の中心に位置する国会に対して内閣は連帯して責任を負う（憲法66条3項）。

そもそも行政権の担い手である内閣の首長（憲法66条1項）である内閣総理大臣は国会によって指名され（憲法67条1項）、内閣総理大臣が他の国務大臣を任命する（憲法68条1項）。つまり内閣の民主的正当性は、普通選挙によって選出される全国民代表機関である国会からの信任によって与えられるものである。それゆえに内閣がその職務執行について国会

に対して説明責任等を負うのは当然である。

　にもかかわらず、森友学園問題における公文書改ざんだけでなく、政府が「ない」としてきた南スーダンでの自衛隊のPKO活動の記録（「日報」）や自衛隊のイラク派遣の記録（「日報」）が存在することが明らかになるなど、「健全な民主主義の根幹を支える国民共有の知的資源」（公文書管理法1条）である公文書の作成、保管、管理および公開についての政府の姿勢は、およそ民主主義国家のもとのは思えない不誠実なものである[*2]。国会を、そして国会議員によって代表される国民を愚弄する暴挙といっていいだろう。

## 議事録は何のためにあるのか

　憲法57条2項が「保存し、……これを公表し、且つ一般に頒布しなければならない」としている衆参両議院の「会議の記録」についてもこの間、与党議員の政府に都合の悪い発言が削除されるという出来事が2件あった。2018年3月20日の参議院予算委員会で財務省理財局長に対して「安部政権をおとしめるために意図的に変な答弁をしているんじゃないか」と質問した和田正宗議員（自民党）の発言および3月13日の参議院の中央公聴会での過労死遺族を前にした「週休7日が人間にとって幸せなのか」との渡辺美樹議員（自民党）の発言である。いずれもきわめて不適切な発言であるが、そのような発言が平気でなされているという現在の国会の雰囲気は後世に伝えられるべきものであろう。これらの発言の会議録からの削除は、大げさかもしれないが、歴史の変造といってもよいのではないか。

---

[*2] ここで取り上げた法令上の根拠のない隠蔽や改ざんとはことなるが、「特定秘密保護法」（平成25年法律108号）では、行政機関の長が指定した「特定秘密」（3条1項）について、議院の国政調査権の発動に対しても原則として非開示とできる（10条1項1号）。この法律では、そもそも「特定秘密」の定義が曖昧である。そのため本来「秘密」にすべきではない情報についても報道のための取材の自由等を不当に制限しうるだけではなく、国会に対しても「特定秘密」とされた情報について不当に非開示とし得る。

参議院規則158条は「発言した議員は、会議録配付の日の翌日の午後5時までに発言の訂正を求めることができる。但し、訂正は字句に限るものとし、発言の趣旨を変更することができない」と規定している。この規定は、発言の訂正をその「趣旨」の変更に至らない範囲で認めるものと解されるが、発言した議員からの申出に他の議員が異議を申し立てても、同条の「訂正に対して、議員が異議を申し立てたときは、議長は、討論を用いないで、議院に諮りこれを決する」との規定に基づき、結局は委員会または本会議の多数派が認めてしまえば、上記の2件のような字句の訂正を超える訂正もできてしまう（2018年4月6日毎日新聞朝刊も参照）[*3]。

しかし、そのような訂正を認めてしまえば、会議の記録を国民に公表するという憲法および議院規則の趣旨にもとり、また事後の検証を困難にする等の弊害が大きい。

これらの議院の会議の記録の「訂正」問題も含め、現在、私たちは、公文書[*4]の信頼性が損なわれるという民主主義国家にとって未曾有の事態に直面しているといって過言ではないだろう。

（石埼学）

---

*3　衆議院規則203条、204条も同じ規定である。
*4　議院の会議の記録は、公文書管理法の「公文書等」にはあたらない。

## II-3 唯一の立法機関

# 立法機能に問題はないか

> 「共謀罪」法成立 採決強行、自公維賛成 懸念、消えぬまま 参院本会議
>
> 　犯罪を計画段階から処罰する「共謀罪」の趣旨を盛り込んだ改正組織的犯罪処罰法が15日朝、参院本会議で成立した。自民、公明両党が委員会採決を省略できる「中間報告」の手続きを使って一方的に参院法務委員会の審議を打ち切り、本会議採決を強行。異例の徹夜国会の末、与党や日本維新の会などの賛成多数で可決した。投票総数235票のうち、賛成が165票、反対が70票だった。……
>
> 　共謀罪法案は、犯罪を実行に移した段階から処罰する日本の刑事法の原則を大きく変える内容で、過去3回廃案になった。政府は今回、「テロ対策」を強調し、国際組織犯罪防止条約の締結に不可欠だと説明。対象範囲を「組織的犯罪集団」に限定したとして「一般人は対象外」と主張してきた。
>
> 　だが、衆参の委員会審議で、テロ対策の有効性や必要性の根拠が揺らぎ、処罰や捜査の対象もあいまいさが浮き彫りになった。国連の特別報告者も「プライバシーや表現の自由を制約するおそれがある」と懸念を表明。民進、共産、自由、社民の野党4党などが廃案を求めていた。
>
> 　委員会での審議時間は衆院の30時間25分に対し、参院は17時間50分にとどまった。野党4党は異例の手続きによる審議打ち切りに反発し、「情報の隠蔽（いんぺい）、法案の成立強行など安倍政権の暴走ぶりは常軌を逸している」などとする内閣不信任決議案を提出したが、15日未明に衆院本会議で与党と維新などの反対多数で否決された。
>
> 　改正法は6月21日に公布され、7月11日に施行される見込みだ。……
>
> 　　　　　　　　　　　　　　　（2017年6月15日朝日新聞東京夕刊）

### ■ 何が問題か

国会の立法機能が正常に働いているか。
行政をコントロールするものとしての国会のあり方が見失われていないか。

## 民主主義の集約点としての立法機関

　立法とは、形式的には法律をつくる（制定する）ことや、改正したり廃止したりすることである。このことをもっと具体的に考えていくと、法律の制定とは、政策を決めて、その内容や、その実施の仕方に関するルールを文書にして確定することである。政策とは、犯罪への対処、福祉、税金、経済政策、道路工事のような公共事業など、国家が国民のために行う仕事（統治）の、ありとあらゆることがらを含む。

　こうした政策決定の仕事を行うのは、国会議員である。国会は、主権者である国民によって選ばれた代表者が議員として参集し、議事（政策決定・法律制定に関する審議と表決）を行うので、民主主義の集約点という意味をもつ（「国権の最高機関」についてはII-8参照）。

　国の各種の政策はこのように、「法律」の制定というかたちで確定してから、施行され、実施される。具体的には、法律が、各種の行政機関によって執行され、裁判所によって適用される。このように、行政や裁判所が法律に基づいて行われるというルールを「法治主義」という。

　このことについて、憲法41条は、「国会は唯一の立法機関」と定めているが、これは、法律はすべて国会の議決によって成立するということを意味している[*1]。三権分立の中の役割配分でいえば、政策について検討・審議し、確定するのが立法で、それを行うのが国会、それを実際に実行するのが行政で、その行政をとりまとめる最上位の機関が内閣、となる。行政権は、自分たちでつくった法律を議会を通さずに執行することは許されない。

## 実情とチェック＆コントロール機能

　以上が憲法が採用している役割配分だが、実際には、実情に詳しく専

---

[*1] 一部、憲法が定めた例外もある。「議院規則」（憲法58条）や「最高裁判所規則」（憲法77条）、条約の締結（憲法73条）や条例の制定（憲法94条）など。

門知識をもった行政職員が政策内容と法律案を立案することが多い。行政機関からの発案でできあがってきた法律は、内閣がとりまとめて提出するので「内閣提出法律案」(略して閣法)と呼ばれる。これに対して、国会議員の立案による法律を「議員立法」という。

　たとえば、2017年11月から12月に開催された第195回国会(特別会)では、内閣提出法案は9件、そのうち成立したものは8件。議員立法は提出法案が28件、そのうち成立したものが2件[*2]。議員立法は法案提出数に対して成立する割合が低い。成立した件数で比較すると、内閣提出法案のほうが圧倒的に多く、他の会期[*3]を見ても、おおよそ全体の8割を占めている。

### 直近の会期における法律案の提出・成立状況

| | 内閣提出法律案 | | 議員立法 | | 計 | |
|---|---|---|---|---|---|---|
| | 提出件数 | 成立件数 | 提出件数 | 成立件数 | 提出件数 | 成立件数 |
| 195回 特別会 | (0) 9 | (0) 8 | (0) 28 | (0) 2 | (0) 37 | (0) 10 |
| 194回 臨時会 | (6) 0 | (0) 0 | (60) 0 | (0) 0 | (66) 0 | (0) 0 |
| 193回 常会 | (6) 66 | (3) 63 | (59) 136 | (0) 10 | (56) 202 | (3) 73 |

(注)上段括弧書きは、継続審査に付されていた法律案の件数(外数)
内閣法制局しらべ <http://www.clb.go.jp/contents/all.html>

　こうした状況で、国会が十分な審議を行わずに法案を通してしまうと、行政機関が法律を自分でつくり自分で実行するという「行政の独裁」となってしまうため、国会が法案へのチェック機能を十分に果たさなければならない。「唯一の立法機関」としての国会は、実情に合わせて少な

---

[*2] 内閣法制局ホームページより。
[*3] 開会から閉会までの国会が活動する期間のこと。会期には常会・臨時会・特別会の三種類があるが、すべてあわせて通し番号が付される。195回(特別会)は2017年11月1日から同年12月9日までだった。

くともこの機能を十分に発揮できることが期待されているのである。

## 財政も国会で決める

　このように、議会は行政に手綱をかけてコントロールする役割を担っており、法律とはその「手綱」なのである。
　ところで、政策を行う（行政）にはお金がかかる。このお金に関する事柄を「財政」という（財政についてはⅡ-7も参照）。財政とは、国家が統治活動を行うために必要な財力を入手し、管理・使用することである。つまり、国家を運営していくのにかかるお金のやりくりのことである。行政（内閣）と立法（国会）の関係は、他章（Ⅱ-8）でもう一度詳しく述べることになるので、ここでは、その行政にかかる財政と、「唯一の立法機関」である国会との関係を取り出して考えてみる。
　約1億2700万人の大所帯を抱えた国家が活動するためには莫大な金銭が必要になるが、それは国民が税金を支払うという形で負担している。したがって、財政が適正・公正に管理運用されているかどうかは、国民の「知る権利」の対象として重要な公共情報となる。
　財政は、法律に基づくことがルール化され、国会の審議と承認を通じた民主的コントロールが及ぶしくみがとられている。憲法上は、予算も立法であり、国の予算を決定することは国会の仕事となる。実際の国会中継を見ると、「予算委員会」の中継を多く目にすると思う。これは多くの政策がその財源・支出の観点から「予算関連法案」として審議されているからである。
　憲法は83条で、財政の運営を国会を通じた民主的コントロールの下に置いた。こうした考え方としくみを「財政民主主義」という。この財政民主主義を確実にするために、憲法84条では国家の財源となる税金を、法律に基づいて徴収することを定めている（租税法律主義）。これは、憲法86条の予算の扱いとともに、「財政法律主義」と呼ばれている。たとえば、2014年4月には消費税が5%から8%に引き上げられたが、こうした引き上げを決定するにあたっても、国会の議決によって消費税法

の改正が行われた。

　財政には、将来（実際には次年度）かかるお金の見積もりである「予算」と、実際にその会計年度中にかかったお金の費目と額を確定する「決算」がある。「予算」については、「予算案」が国会の承認を受けて「予算」として確定した後は、法律と同じものとして政府の行為を拘束する。政府はこの「予算」に従って税金の徴収や事業の実行と支出を実行しなければならない。

　実際の支出入がどうなったか（決算）については、内閣は、内閣から独立した審査機関（会計検査院）から検査を受けてその結果を国会に提出し、各院はそれぞれ審査・議決を行う。また毎年少なくとも1回（運用上は3カ月ごと）は財政の状況を国会に報告して国民に公開することが定められている（憲法90条、91条）。憲法における制度設計の重要な共通項として、自分のことを自分でチェックするのではなく、チェックは他の機関が行うことで公正性を保つようになっている。国政を立法と行政と司法に分けた三権分立そのものが本質的にそういうものであるが、会計検査院などの独立行政機関も、そうした基本的思考の上に立っている。

　このように、しくみとしては、国会は「唯一の立法機関」であることを通じて、行政・財政を監督・コントロールする役割を担っている。また会議公開の原則によって、これらの審議と表決のようすは国民の監督を受けなければならない。

## 「委任立法」とは

　ところで、憲法を含めた法律の世界には、「委任」というものがある。
　たとえば、憲法の中でも「～は法律で定める」として、憲法自身では細目まで定めず、議会の立法に内容の決定権を委ねているものがある。これを「法律委任」という。憲法10条は「日本国民たる要件は、法律でこれを定める」と定めて「日本国民とはどういう要件を満たしている人をいうのか」についての具体的な内容は国会が定める法律に委任をしており、その「法律」として国籍法がある、という関係がその代表例であ

る。公職選挙法もその代表例である。また、憲法が地方自治体に対して条例制定権を与え、「法律の範囲内」ではあれ地方自治体内のルールを各自治体の議会で定めることとしているのも、これに入る。

　これと同じことが、法律と行政の関係でも起きる。法律が「～は行政のほうで決めてやってくれ」「～は地方自治体で決めてやってくれ」と、細目を行政権や地方自治体に委ねる場合がある。たとえば、2016年に制定されたいわゆる「ヘイトスピーチ解消法」(本邦外出身者に対する不当な差別的言動の解消に向けた取組の推進に関する法律)を見ると、4条2項では、「地方公共団体は、本邦外出身者に対する不当な差別的言動の解消に向けた取組に関し、国との適切な役割分担を踏まえて、当該地域の実情に応じた施策を講ずるよう努めるものとする」と規定されている。ここでは、法律が地方公共団体に、「当該地域の実情に応じた施策を講ずるよう努力しなさい」として実情に応じた施策を委ねている。しかし、この委任は完全な「丸投げ」ではなく、1条で法律の趣旨・目的が定められ、4条以下で「国との役割分担」が定められている。

　対処しようとすることがらについて、委任をしすぎてしまうと、立法機関が立法機関としての機能、とくに行政権をコントロールする機能を失ってしまうので、それには限界がある。白紙委任といわれる方法(法律の中で実質的な内容を決めずに、「この事項については内閣に委ねる」「この事項については○○省に委ねる」という委任だけを定めた法律)を制定することは許されない。これでは国会が立法機関である意味がなくなってしまうからである。

　ここで重要なことは、国会が立法機関として行政に有効なコントロールを及ぼすことができるかどうかである。したがって、法律の文言から形式的には「委任立法」とまではいえない法律であっても、法律が実質的に「判断を行政に任せる」というしくみになっていて手綱の役割を果たすことができない内容になっている場合には、民主的コントロールの観点から問題となる。本章の冒頭で取り上げた「共謀罪規定」は、この問題を含む法律であることが問題視されている。つまり、法律の規定によれば実行行為のない準備行為(犯罪の実行について企図・相談することや資

金準備などかなり早い段階の準備行為）があった段階で警察が動けるようになっているため、捜査対象となるべき行為については警察の判断に一任するしかない状態となってしまい、法律が警察の活動を限界づける「罪刑法定主義」の機能を果たさなくなってしまっているのである。

　こうした問題が国会で指摘されながら、この法案は冒頭に見たような状態で可決された。ここでは、国会が立法機機関してのチェック機能を果たせていないという問題も浮かび上がっており、法律内容と立法過程の二重の意味で、議会による行政コントロール機能に機能不全の問題が生じていることがわかる。議会制民主主義における国会の機能を取り戻す必要がある。

（志田陽子）

## II-4 議会運営のルール

# 熟議なしの採決は許されるか

社説：安保転換を問う　参院委採決強行　民意に背を向けた政権

　参院平和安全法制特別委員会は安全保障関連法案の採決を強行した。野党が抵抗する中、採決が行われたかどうかすらわからない、不正常な可決だった。

　衆参両院で200時間を超す審議を経ても、政府は法案の合憲性や「なぜ必要か」について納得できる説明ができなかった。にもかかわらず、与党は民意との乖離（かいり）を自覚しながら採決に踏み切った。これでは安倍晋三首相らが強調していた「民主主義のルール」を尊重した結論とは言えまい。

　◇正常な手続きではない

　委員長の姿が見えない、異様な採決だった。鴻池祥肇委員長の不信任動議が否決され鴻池氏が着席すると、いきなり与党も含めた議員が取り囲んだ。委員長が採決する声も聞き取れなかった。国民の目にどう映っただろう。

　参院審議の状況は16日の地方公聴会の終了を境に一変した。与党は質疑の終結と採決を図り、野党はこれを阻止しようと対立した。

　国会周辺のデモなどの抗議活動は連日続き、各種世論調査では今国会成立に反対する意見が賛成派を大差で上回っている。27日の会期末を控え、与党が18日までの成立を急ごうとしているのは、週末や連休にかけて反対デモなどの運動が一層拡大することを警戒したためだとされる。世論をおそれたのであれば、ここで踏みとどまるべきだった。

　今回の法整備のそもそもの誤りは、中国の台頭など安全保障環境の変化に対応した冷静な議論もないまま、集団的自衛権の行使容認という結論を押し付け、実現しようとした安倍内閣の姿勢にある。

　議会制民主主義の下では、国民の代表である国会議員の手に立法機能が確かに委ねられている。だが、それはあくまで熟議を重ね、合意形成の努力が尽くされるのが大前提だ。

（2015年9月18日朝日新聞東京朝刊）

### ■ 何が問題か

熟議なしに数で押し切ることを民主主義的決定といえるか。
議決を行うには、どのようなルール遵守が必要か。それが守られていたか。

## 国家の意思決定のためのルール

　国家が国民のために行う多様で膨大な仕事のことを総称して「統治」または「国務」と呼んでいる。この統治を行う「国家」がどんな組織立てと役割配分になっているか、どんな目的のもとにどんなルールで運営されるのか、その骨組みを定めているのが「憲法」である。国家の意思を決めるにあたって、誰か1人の意思が通る独裁制ではなく、参加者全員の意思を集めて決める民主主義では、誠実な議論（熟議）を確保するために、さまざまな共通ルールが必要になる。日本国憲法の下では、国会がそうした意思決定の最終の場となるが、その意思決定のためにもルールがある。憲法と国会法がその代表である。

　また日本の国会は、2つの議院から構成されている。こうした制度を両院制または二院制という。二院制が採られているのは、一院制よりも審議が慎重に行われることを期待してのことである。それぞれの議院には、議院内の運営に関する「議院規則」を独自に定める権限がある（憲法58条2項）。これは、国会を「唯一の立法機関」としている41条に対して憲法自身が認めている例外である。

　国会の意思決定にかかわるルールとしては、憲法（41条以下）、国会法、公職選挙法（国会議員の選出にかかわる）、内閣法や裁判所法（三権分立のもとでの国会との役割配分を考えるうえで重要）、請願法（意思決定に直接かかわるものではないが、国民の意思を伝える方法として参政権を補う役割がある）、財政法や会計検査院法（国の財政は国会が承認する）、地方自治法などがある。

　日本国憲法は、世界の憲法の中では語数の少ないシンプルな条文になっている。一般に、憲法に国家運営に関するルールを細かく書くほど、変化に対応するには改正が必要になる。この点、日本国憲法は、国家によって奪うことのできない理念・原則を書きつつ、国のあり方については、細かい話を上記の諸法律に任せている。憲法を補い、憲法の実質的内容に深くかかわっているという意味で、これらの法律は憲法附属法とも呼ばれる。

　これらの法律は、新たな変化に対応するため、たびたび改正されて

いる。

　ところで、憲法（基本法）を約60回改正してきたドイツでも、改正された内容の多くは国と地方の権限に関する条文だった。日本では憲法ではなく憲法附属法に規定されている内容なのである。そう考えると、そのレベルの改正は日本でも行われてきたといえるし、外国でこの部分にあたる憲法改正が行われたことは日本国憲法にいう「憲法改正」には該当しない、ともいえる。ともかく外国では憲法改正が頻繁に行われているのに日本で1回も行われていないのはおかしい、という比較は成り立たないことになる。

## 相互チェックと討論を確保するルール

　同一人物が同時に衆議院・参議院の両方の議員になることはできない（憲法48条）。2つの議院には互いをチェックする役割があるため、自分の活動を自分でチェックすることになっては、二院制の意味がなくなってしまうからである。これらのルールは、国会法と公職選挙法に詳しい規定がある。また、国会議員は原則としてその任期中に国または地方公共団体の公務員を兼ねることはできない（国会法39条）。これは立法機関と行政機関、また中央と地方が独立した機関として相互にチェック機能を果たす必要があるために決められている禁止である。

　しかし一方で、日本国憲法は内閣総理大臣および国務大臣の過半数が国会議員を兼ねるしくみをとっている（憲法68条1項）。これは憲法がとくに認めた例外で、「議院内閣制」と呼ばれる方式である。

　また、国会が行うさまざまな調査や審議には、関係する大臣の出席が必要となる。国務大臣の中には国会議員でない者もいるが、国会議員でない国務大臣もこの条文によって国会に出席できるし、しなければならない（憲法63条）。

　衆議院・参議院それぞれの中で、政策案件ごとに意見交換や検討をする会議体（構成単位）を、「会派」という。「会派」は国会法の中に規定されているもので、院内会派とも呼ばれる。それぞれの院内で活動を共に

するのは、国会法上は政党ではなく、理念や政策関心を共有する議員が集まってつくられた会派ということになる。関心の近い者同士でグループをつくれば政策を推進しやすいことになるが、個々の議員の見解より会派の意向が優先されやすいなど、功罪両面がある。

## 議員に認められる特権

ところで、国会議員が犯罪の疑いを受けたときには、特別なルールがある。国会議員も一般人と同じく平等に法の適用を受けるので、刑法や行政法に規定されている違法行為を行えば逮捕や取調べの対象となる。また、刑法にはとくに公務員の不正行為を処罰する規定がいくつかあり、国会議員がこれらの犯罪の被疑者となることもある。こういうときに議員には、国会会期中に限り逮捕されないという「不逮捕特権」があり、国会議員としての活動が警察の活動に優先することが保障されている。会期前に逮捕拘束された議員については、その議員が会期中は国会に出席できるよう、衆議院・参議院から釈放を要求できる（憲法50条）。これは会期中だけ認められる特権であり、嫌疑を受けた議員は、会期終了後には通常の刑事手続ルールに従って逮捕の対象となる。

また、国会で行われる討論や調査では、公務の不正について指摘・質問があるなど、一般社会では名誉毀損にあたるような発言場面もあるが、議院内ではこのリスクにとらわれずに自由に討論できるよう、院内での発言は法的責任に問われないという特権が憲法51条で定められている。「議員の発言表決無答責」と呼ばれるルールである。これらは、国会議員の議員としての任務をまず優先することで、熟議を確保するためのルールである[*1]。

---

[*1] ただし、最高裁は1997年9月9日の判決で、「国会議員が、その職務とはかかわりなく違法又は不当な目的をもって事実を摘示し、あるいは、虚偽であることを知りながらあえてその事実を摘示するなど、国会議員がその付与された権限の趣旨に明らかに背いてこれを行使したものと認め得るような特別の事情がある」場合には、国の賠償責任が生じうるとした。

II-4
熟議なしの採決は許されるか

# 会議開催と議決のルール

　国会ではさまざまな政策を《法律》の形で確定する。まずは《案》として提出された《法案》を審議し、必要ならば修正を加え、最終的に《表決》というかたちで議決する。会議体が会議を行うために必要な最低限の出席者数のことを「定足数」という。憲法では、56条1項で衆議院・参議院両方の定足数を議員のうちの3分の1以上と定めている。そして56条2項で、議決は出席議員のうちの過半数としている。可否同数のときは、議長の決するところによる。このとき、審議・表決は衆議院・参議院それぞれで行われるが、その両方の議院で可決されると、その法案は法律として《制定》される（憲法59条1項）[*2]。民主主義のあり方からすれば、この表決は単なる多数決であってはならず、十分な熟議が尽くされてから行われるものでなくてはならない。

　衆議院と参議院で議決内容が異なった場合は、衆議院の優越が定められている（憲法59条2項）[*3]。この衆議院優越のルールは、国会での予算の扱いについても定められており、予算について衆・参の一致がみられない場合、衆議院の決定が通る（憲法60条）。内閣が他の国と締結した条約を、国会が承認するかしないかで両院の意見が一致しなくなったときにも、これと同じルールで最終決定をする（憲法61条）。

　委員会での質問時間や証人喚問のあり方など、委員会の運営に関する取り決めについては、衆参各議院に先例・慣例と呼ばれるものがある。これについては、「衆議院先例集」「衆議院委員会先例集」といったものが衆議院事務局で作成されている。

---

[*2] たとえば2006年の教育基本法全面改正は、政府から改正案が国会に提出され、衆議院・参議院の両方で可決されている。また、選挙権年齢を20歳から18歳に引き下げる公職選挙法改正案は、2015年6月に与野党共同で国会に提出され、衆議院・参議院ともに全会一致で可決され成立している（翌2016年6月施行）。

[*3] 一例として、2015年に国会で審議された安全保障法制に関する法改正について、参議院では質疑に多くの日数がかかったために「憲法59条4項の『60日ルール』によって否決の扱いとなり、その後、同条2項による衆議院可決が行われるのではないか」との論評もあった。実際にはそのようにならなかったが、この規定が意識された一例である。

国会には「慣例」と「先例」があってそれぞれに尊重されている。まず先例が生まれて、その内容に従って長年、継続的な運用がなされたとき、その先例が「慣例」となる。こうした慣例は衆議院・参議院それぞれにある。慣例は、国会法、衆参の議院規則に明文で規定されているわけではないが、「不文のルール」として、すべての議員、会派が尊重してきた。この慣例によって、質問時間については少数派も尊重するなどのルールが守られてきたが、近年それが揺らいでいる（Ⅱ-10を参照）。

## 欠席戦術

　野党が会議を欠席することで、法案への反対をアピールすることがある。国会空転ともいわれるが、これは議事運営があまりにも討論抜きの数による採決に傾いているなど、民主主義の観点からみて状況が悪化しているときに、熟議を確保するために少数派がとる、ひとつの手段である。
　少数派が、自分たちの発言権を回復させるために、このような方策をとらざるをえない場面がたしかにあり、見守る国民は、「なぜそれをやらざるをえないのか」という関心をもって状況を把握することが必要だろう。

## 「会議」と「委員会」

　法律と行政が多くの分野を規制している現代社会では、政策にも高度な専門性が求められることが多く、そうした議案を効率よく処理するために、各種の委員会（国会法41条により、衆参とも常任委員会は17ある）で法案の実質的内容を決定しておき、国会ではできあがったものを承認するか否かだけが問われる、といったプロセスがとられることが多くなっている。これを委員会中心主義という。たとえば安全保障関連法制について多くの問題のある改正を行った2015年の国会でも、その法改正案の審議の多くは衆・参それぞれの「特別委員会」で行われ、ここで可決されてから（衆・参それぞれの）「本会議」で表決をとる、という手続になっ

ていた。

　この流れは、専門的な知識が必要となる議案の検討を進めるうえでは必要なものだが、反面、本会議において議員が発言しにくくなり、議員の本来の役割である討論を空洞化させるおそれもある。本会議が討論のない採決のみの場となることは、国民の「知る権利」の保障からみても問題があるため、民主政治の基盤である討論を充実させる方向を常に意識する必要がある。

## 「会議の公開」と「知る権利」

　私たちは、国会の審議のようすを、さまざまなメディアを通じて見ることができるし、傍聴することもできる。それは、憲法57条で両議院の会議の公開が定められているからである。国家が統治のために行うさまざまな決定（立法）や実行（行政）は一方方向のものであってはならず、主権者である国民がこれについて評価し、選挙その他の民主的なルートでフィードバックしていく道が開かれていなければならない。そのために国民は、決定された結果（たとえば新しい税金負担）を受け取るだけでなく、それが決定される過程でその内容を知る必要があり、またその決定プロセスが公正で民主的なものだったかどうかについても知る必要がある。

　国民主権からすれば、国民が会議の内容や議員の活動について知る権利をもつことは当然である。この原則から、報道の自由、傍聴の自由、会議の記録（議事録）の公開が保障される。議事録を保存し、公表しなければならない（憲法57条2項）ということは、その前提として当然に、虚偽や欠落のないように正確に記載した記録を作成しなければならない（議事録についてⅡ-2参照）。

　一方、委員会は原則として非公開で、議員以外で傍聴が認められるのは、報道関係者などで委員長の許可を得た者だけである（国会法52条1項）。現在の立法プロセスが委員会中心になっているため、法律の立案から審議までのプロセスは、憲法がもともと予定していたしくみに比べて、国民の知る権利が及びにくくなってきている。だからこそ議事録が

事後的な検証のため重要な意味をもつ。

　これらの原則が国政担当者自身に理解されているかどうか疑問に思われる場面もある。この問題を考えさせられる場面として、1971年11月、沖縄返還協定を審議中の衆議院特別委員会で核疑惑問題を含む質疑が打ち切られ強行採決が行われた。2015年9月には、参議院の法案（平和安全法制案）の議決のあり方が通常の表決とは大きく離れていたこと、議事録に決定事項が記載されていなかったことについて、「議決不存在」ではないかとの声も聞かれた。会議の公開そのものは一応守られていたが、議事録については、議決内容を後から加筆して議決を有効としたことが国民の「知る権利」に照らして認められることだったかどうか、疑問が残る。

　なお、憲法57条では、出席議員の3分の2以上の多数で議決したときは、秘密会を開くことを認めている。これに加えて「特定秘密保護法」（「特定秘密の保護に関する法律」2013年制定、2014年施行）が制定されたことによって、安全保障などに関わる分野は、非公開の方向へと大きく傾いた。国政の国民への公開を原則とした憲法の趣旨からすると、「原則」としての公開と「例外」としての秘密扱いが法律によって逆転することは、国家が厳に慎まなければならないことである。国政の内容とプロセスについては国民が常に見守ることのできるしくみが確保されなければならない。

（志田陽子）

## II-5 選挙制度

# 望ましい選挙制度とは何か

> 自公3分の2　連立維持へ　特別国会、1日召集　立憲、野党第1党　衆院選
>
> 　第48回衆院選は23日、開票作業が進み、自民、公明両党で、憲法改正発議の要件となる定数の「3分の2」（310議席）を超え、与党が大勝した。安倍晋三首相（自民党総裁）と公明党の山口那津男代表は23日午後、国会内で会談し、連立政権の維持で合意する。一方、枝野幸男・元官房長官が立ち上げた立憲民主党は公示前勢力の15議席から躍進して50議席を上回り、野党第1党となった。総務省は23日、小選挙区の投票率が53・68％だったと発表。戦後最低となった前回2014年衆院選の投票率52・66％に次ぐ低さになった。
>
> 　自民党は、少なくとも283議席を確保。「一票の格差」是正などで定数が10削減されたため、議席占有率では公示前（284議席）を上回る大勝となった。
>
> 　首相は23日午前に首相官邸に入る際、「ここからが新たなスタート。政策を実行し、結果を出していきたい」と記者団に語った。……
>
> 　一方、与党の公明党は公示前の34議席を下回ることが確実に。同党は23日、「党自身の力量が足りなかったと言わざるを得ない」とする声明を発表した。……
>
> 　野党では希望の党が公示前勢力を割り込む一方、立憲民主党は少なくとも54議席を獲得し、野党第1党になった。ただ、最高でも55議席にとどまる見込み。1996年に現在の小選挙区比例代表並立制が導入されて以来、野党第1党としては12年の民主党の57議席を下回り、過去最低の当選者数となる。……
>
> （2017年10月23日朝日新聞東京夕刊）

## ■ 何が問題か

小選挙区制における死票の多さは問題ないのか。
理想的な選挙制度とはどのようなものか。

## 小選挙区とは

　日本国憲法は、「主権の存する日本国民」（1条）との表現をもって「国民主権」原理を標榜し、「その権力は国民の代表者がこれを行使」（前文）すると定める。同様に「日本国民は、正当に選挙された国会における代表者を通じて行動」（前文）するとも謳う。このように、選挙は、国民がその主権を行使する重要な機会であることに疑いはない。

　しかしながら現実には、国政選挙（国会議員を選ぶ選挙）と地方選挙（都道府県と市区町村の首長および議員を選ぶ選挙）とを問わず、その投票率低下が言われるようになって久しい。直近の例を挙げるならば、2016年7月に実施された参議院議員通常選挙（以下「参院選」）が54.7％、2017年10月に実施された衆議院議員総選挙（以下「衆院選」）が53.68％である。実に有権者の半分近くが選挙権という大切な権利を行使していないことになる。

　それに加え、とくに現行の衆院選に採用されている小選挙区制では、有効投票総数の過半数に満たない得票で4分の3の議席を得ることができる（たとえば、2017年の総選挙の小選挙区選挙において、自民党は48.2％の得票率で75.4％の議席を獲得した）。そんなわけで、今の国会議員が私たち国民の「代表者」であると実感できない人がいても不思議ではない。はたしてこのままでよいのだろうか。

　さて、選挙について憲法は、「選挙区、投票の方法その他両議院の議員の選挙に関する事項は、法律でこれを定める」（憲法47条）とし、詳細は公職選挙法（以下「公選法」）をはじめとするもろもろの法律に委ねる形をとっている。

　まず、「選挙区」とは、有権者（「選挙人」という）の集団（「選挙人団」という）の基準となる単位のことである。現在の衆院選の小選挙区は、都道府県や市町村といった地方自治体の行政区分を基本とし、地勢や交通等の諸事情を総合的に考慮しつつ合理的に、かつその格差が2倍以内に収まるように設定しなければならないとされる（衆議院議員選挙区画定審議会設置法3条1項）。参考までに、昨年の衆院選当日の有権者数は全国

で1億609万1229人、1選挙区あたり平均約36万7098人だった。最多は東京13区の47万4326人、最少は鳥取1区の23万9104人、いわゆる「一票の較差」は1.984倍である。

この「一票の較差」について、法律をみるかぎり「2倍以内の較差ならOK」とされているように思われる。しかし、憲法が「すべて国民は法の下に平等であり、……政治的……関係において、差別されない」(憲法14条1項)ことを保障し、「公務員の選挙については、成年者による普通選挙を保障」(憲法15条3項)し、有権者の一票の重みは平等であること、すなわち「投票価値の平等」を謳っていることに鑑みると、この較差はできるだけ小さいのが望ましいことはいうまでもない。

## さまざまな選挙制と代表制

ところで、現在衆院選で採用されている「小選挙区制」とは、1選挙区から1人の議員を選出する制度のことである。それに対し、1選挙区から2人以上の議員を選出する制度を「大選挙区制」という。そして、これらの選挙区における候補者たちの当落選を決める方法を「代表制」という。主な代表制には「多数代表制」「少数代表制」「比例代表制」がある。

まず多数代表制とは、多数票を獲得した候補者または政党に議席を独占させる方法で、小選挙区制がこれにあたる。この方法には、多くの死票[*1]を生むというデメリットがある反面、わずかな得票差でも全体では大きな議席数の差につながるため、安定した議会多数派勢力を形成できるというメリットがある。なお、小選挙区制を用いる多数代表制でも、現在の衆院選のように1回の投票で単純に相対多数の票を獲得した候補者を当選させる方式のほかに、1回目の投票で有効投票総数の過半数を獲得した候補者がいない場合に上位2名による決選投票を行う2回投票

---

*1 落選した候補者あるいは候補者を当選させることができなかった政党に投じられ、議席に結びつかなかった票。

方式(例:フランスの下院)がある。

次に、少数代表制とは、少数票しか得ることができなかった候補者または政党にも議席獲得の可能性を認める方法で、大選挙区の単記投票制等がこれにあたる。多数代表制と比べて死票が減るというメリットはあるが、少数派が必ず議席を得られるわけではなく、また多数派の候補者同士が相打ちとなって少数派が議席を得るという偶然性に左右されうるという面もあわせもつ。

そして、比例代表制とは、選挙区毎に各政党の獲得投票数に応じて議席を配分する方法である。これも死票が減るというメリットがある半面、多くの政党が議席数を獲得しやすいために安定した多数派が形成されにくいこと、さらに、選挙人と議員との間、すなわち国民とその代表者との間に政党という「私的団体」が介在することの是非といった問題が生じることが挙げられる。

## 選挙制度のメリットとデメリット

| 選挙区制度 | メリット | デメリット |
| --- | --- | --- |
| 多数代表制 | ・安定した議会多数派勢力を形成できる | ・多くの死票を生む |
| 少数代表制 | ・死票が減る<br>・得票率の少ない候補者または政党にも議席獲得の可能性を認める | ・多数派の候補者同士が相打ちとなって少数派が議席を得るという偶然性に左右されることがある |
| 比例代表制 | ・死票が減る | ・安定した多数派が形成されにくい<br>・議席配分方法が複雑になる |

## 現行の選挙制度——衆議院と参議院

　現在の衆院選の制度は、正確にいうと「小選挙区比例代表並立制」である。すなわち、衆議院の総議員定数465人は、小選挙区選挙で選出される289人と比例選挙で選出される176人に分けられているのである（公選法4条1項）。小選挙区選挙では、有効投票数の最多票を得た候補者1人だけが当選者となる。比例選挙では、全国を11のブロックに分けたうえで各政党の得票数をブロック単位で集計し、ドント方式（各政党の得票数をおのおの1、2、3、4……と整数で割って得られた数値の大きい順に議席を配分する方式）で獲得議席数を決定し、各党の比例名簿の登載者の上位から獲得議席数に達するまでを当選者とする制度である。

　衆院選での有権者は、小選挙区選挙の投票用紙には候補者名を、比例選挙の投票用紙には政党名をそれぞれ記入する。なお、政党に属する候補者は小選挙区選挙と比例選挙の重複立候補が認められており、小選挙区で落選しても比例代表で「復活」当選する途が開かれている。その際、各党は、重複立候補者を比例代表の候補者名簿の同順位に並べることができる。小選挙区落選者は、その小選挙区における最多得票者に対する当該落選者の得票数の割合（惜敗率）に基づき、その比例代表での当選順位が決まる。

　その一方で、参議院の総議員定数242人は、原則として各都道府県単位で2〜12人を定数とする大選挙区選挙によって選出される146人と、全国で1区とする比例代表制で選出される96人からなり、3年ごとに定数の半数を改選する方式で行われる（公選法4条2項）。

　参院選での有権者は、選挙区選挙では候補者名を、比例選挙では候補者名簿から候補者名または政党名のいずれかをそれぞれ記入する。選挙区選挙では、得票順に定数を満たすまでの者を当選者とする。比例代表選挙では、候補者の得票数とその候補者が所属する政党の得票数の合計に基づき、まずドント方式によって各政党の議席数を決定し、その後で政党ごとに得票の多い候補者順に当選者を決定する。

# 二大政党制を超えて

　現行の衆院選の小選挙区選挙における死票の多さは、しばしば国民代表の原理に反するのではないかと批判される。数字のうえで国民の4分の1しか与党に票を投じていないということにこだわるならば、そう思われても無理はないだろう。同様に、45の選挙区のうち2人以上を選出する選挙区は13にすぎず、なかば小選挙区化している参議院の選挙区選挙も同様の問題を抱えているといえる。では、どのような選挙制度が望ましいのだろうか。

　かつて日本の衆院選では、終戦直後の一時期を除き、1選挙区から3〜5人の議員を選出する大選挙区制（俗に「中選挙区制」と呼ばれた）が採用されていた。それが、「政治改革」の流れを受けた1994年の公選法改正以降、現行の小選挙区比例代表並立制に変更された。その際期待されたのは、「二大政党制による政権交代が可能な選挙制度」であった。それから四半世紀、実際この制度のもとで2回の政権交代（2009年、2012年）が起きている。その意味では、この制度は一定の効果を上げたとはいえよう。

　しかし、当初想定されていた「二大政党制の実現」にはほど遠いのが現実である。そもそも世界的にみても、二大政党制が慣行として成立している国は少ない。その数少ない例とされるイギリスとアメリカにおいても、その二大政党制は変容しつつある（イギリスでは二大政党以外の政党が伸長し、アメリカでは「トランプ旋風」と「サンダース・ブーム」に象徴されるポピュリズムが伝統的な二大政党制を揺るがしている）。むしろ、国会に議席を有する有力政党が常に5つ前後存在している日本にとっては、同様に多党制が定着している独仏伊などヨーロッパ大陸諸国の慣行も参考になるように思われる。

　最後に、選挙制度の議論は、どうしても既存の政党・政治状況を念頭に置いたものになりがちである。もちろん、その時の政局から完全に距離を置いた「あるべき・理想的な選挙制度」の議論は困難であるし、また、それを過剰に意識する必要もないだろう。だが、国民主権のよりよ

い実現のための望ましい選挙制度は何か、つねに模索し続ける必要はある。その一方で、仮に現行の選挙制度が問題を抱えるものであるとしても、その急変を期待するのは現実的ではない。そうなると、私たち有権者も、さしあたりは上記のような現行制度のメリットとデメリットを十分に理解したうえで、その貴重な一票を投じるべきであろう。

〔石川裕一郎〕

## II-6 議員構成

# 弱者の声は反映されるのか

> 候補者男女均等法、成立　全会一致　政党に目標設定促す
> 　議会選挙で男女の候補者数をできる限り「均等」にするよう政党に求める「政治分野における男女共同参画推進法」（候補者男女均等法）が16日、参院本会議で全会一致で可決、成立した。あまりに少ない女性の議員を増やすよう促す日本で初めての法律だ。
> 　国会と地方議会の議員選挙が対象。「男女の候補者の数ができる限り均等となることを目指す」と規定。政党とその他の政治団体に対し、強制を避けつつ、候補者数の目標を定めるなど自主的な取り組みを求めた。国や自治体にも、性別にかかわらず政治に参加しやすい環境の整備を促した。
> 　野田聖子・男女共同参画相は成立を受けて「日本の政治が大きく変わることを期待しているし、そうなるだろう」と語った。
> 　衆院での女性議員の割合は10・1％で、先進国では最下位に位置する。候補者に占める女性の割合では、昨年の衆院選で17・7％、2015年の統一地方選で実施された道府県議選は11・6％と、「均等」にはほど遠い。
> 　　　　　　　　　　　（2018年5月17日朝日新聞朝刊・南彰）

■ 何が問題か

日本にはなぜ女性議員が少ないのか。増加は必要ではないのか。
外国籍住民の参政権を認めないことは排他的か。

## 日本社会の民主化と大きくかかわる女性の参政権

　日本では1925年に衆議院議員選挙法が改正され普通選挙制度が導入されたが、その対象は男性のみであった。女性の参政権は1945年12月に行われた法改正によりようやく実現した。1893年に世界で初めて女性の選挙権を認めたニュージーランドの施策（被選挙権は1919年から）か

ら50年以上も遅れてのことだった。このように、日本では女性の参政権が導入されてから72年しか経っていない。しかし、それは第二次世界大戦後の日本社会の民主化の歴史に大きなかかわりをもつ出来事のひとつとして記憶されるべきものである。

まずは1945年8月14日に日本が受諾したポツダム宣言10条をみてみよう。「日本国国民の間に於ける民主主義的傾向の復活強化に対する一切の障礙を除去すへし言論、宗教及思想の自由並に基本的人権の尊重は確立せらるへし」（原文で用いられているカタカナを平仮名に変更）ことが示されている。これに基づき、日本は大日本帝国憲法（明治憲法）を、基本的人権を保障する民主的な憲法へと大改正することになった。それから2カ月後の同年10月、GHQ（連合国軍最高司令官総司令部）のトップであったダグラス・マッカーサーは、幣原喜重郎首相（当時）との会談のなかで憲法の自由主義化とともに、日本社会の民主化に向けた5大改革指令を伝えた。そのひとつが、女性の参政権を認めることであった。社会の民主化のためには、少なくとも人口の約半数を占める女性の意思が示されるようなしくみを整備することが必須であったからである。ちなみに、現行憲法上、参政権とは主に、国政レベルでの選挙権・被選挙権（憲法15条1項、43条1項、44条）、地方レベルでの選挙権・被選挙権（憲法93条2項）、最高裁判所裁判官の国民審査（憲法79条2項）、地方特別法住民投票（憲法95条）、憲法改正国民投票（憲法96条）を指す。

1946年4月に第22回衆議院総選挙が実施された。ここで初めて女性が選挙に参画し、その結果、議員総数の8.4%を占める39名の女性議員が誕生した。新しい憲法の制定議会となった第90回帝国議会衆議院（1946年5月召集）では、これらの女性議員を含めた議員が帝国憲法改正案の審議と議決を行った。したがって、日本国憲法の制定過程には、その割合は少なかったとはいえ女性議員が国民の代表の一部としてかかわったのである。かくして制定された現行憲法には、法の下の平等（14条1項）、家庭生活における個人の尊厳と両性の平等（24条）、および国会議員やその選挙人の資格における性別等の違いによる差別の禁止（44条）が規定されている。

なお、公職選挙法（1950年制定）上、衆参両議員の選挙権は20歳以上の国民（9条1項）、また衆議院議員の被選挙権は満25歳以上の国民（10条1号）、参議院議員の被選挙権は満30歳以上の国民（10条2号）に認められてきた。なお、2015年の改正により選挙権年齢が変わり、現在では満18歳以上の国民となっている。

## 女性議員が少ない理由と増加が求められる理由

　現在、日本の国会議員のうち女性が占める割合は、衆議院10.1％、参議院20.7％である。2018年1月の世界全体の女性議員（国政レベル）の比率は23.4％であるから[*1]、日本の割合はそれを下回る。とりわけ、その傾向は衆議院の割合において顕著であり、冒頭の新聞記事によると、先進国では最下位である。

　1946年の衆議院総選挙で当選した女性議員の割合が8.4％であったことは先述したとおりであるが、この数値は1946年以後の選挙結果のなかでは非常に高いものであった。衆議院における女性議員の割合は、1949年から1996年10月の選挙前までは1～2％台が続き、1996年10月の選挙以降にようやく4％を超した[*2]。

　ではなぜ、日本では女性議員の割合が少ないのであろうか。その一番大きな要因は、いまだに日本社会では男性優位の考え方とそれに基づく性別役割分担の意識が根強く残っているからである。政治分野のような公的領域は男性が担い、家族に象徴される私的領域における家事責任等は女性が担うという発想が、各政党内での候補者の決定の際や有権者の投票行動に影響を与えている。加えて、女性が立候補を考える際に、ま

---

[*1] Inter-Parliamentary Union, *Women in parliament in 2017: The year in review*, 2018, p.3. <https://www.ipu.org/resources/publications/reports/2018-03/women-in-parliament-in-2017-year-in-review>（2018年5月6日最終閲覧）。

[*2] 内閣府男女共同参画局『平成29年度 女性の政策・方針決定参画状況調べ』「II　各分野における参画状況、1.　国・地方公共団体、(1)　国の立法・司法・行政、ア．立法、①国会議員」<http://www.gender.go.jp/research/kenkyu/sankakujokyo/2017/pdf/1-1-a-1.pdf>（2018年5月6日最終閲覧）。

わりにいる家族や友人等から賛同や支援が得にくい。

　また、たとえば、財務省の事務次官（当時）による女性記者に対するおぞましいセクハラ発言や、それを受けての財務大臣による被害者侮辱発言、あるいは東京都議会で起きた女性議員に対するセクハラ野次事件等が端的に示すように、女性を明らかに蔑視する行為であるにもかかわらず、政治の世界では（も）、このようなセクハラ行為が平気でまかり通ってきた。こうした女性を下にみるような風潮もまた女性議員が活動しにくい状況をつくり、それが女性議員の少なさの要因になってきたといえるだろう。

　女性議員が女性であるという理由だけで、総じて男性と比べると社会経済的に弱い立場に置かれてきた女性の意思を必ずしも代弁するとは限らない。また、女性のなかにも学歴や経済状況等のさまざまな差がみられ、女性が決して一枚岩ではないことも自明のことである。しかし、そうであることを前提にしても、そもそも人口の約半数を女性が占めるなかで、国民の代表である国会議員のうち女性の割合が圧倒的に少ない状況は、代表制の観点からすれば問題があるといわざるをえない。

　また、さまざまな形態のジェンダー差別や男女間の支配関係に基づく暴力等を生みだしてきた男性優位社会の状況を変革していくためにも、被代表の意思や利益を代弁できるような女性議員の数を増やさないかぎり、立法政策を変えることには結びつきにくい。したがって、女性議員の増加は代表制民主主義と人権の双方の観点から必要とされているといえよう。

　社会の意識変革を待っているだけでは、なかなか女性議員の増加に結びつかない。そのために、国によっては女性議員を増加させるためのポジティブ・アクション／アファーマティブ・アクション（積極的格差是正措置）が導入されている（Ⅲ-4 参照）。それらには、①クオータ制（あらかじめ女性議員の議席数や政党内での女性候補者の数を割り当てる方法）、②ゴール・アンド・タイムテーブル（あらかじめ数値目標とその達成期限を決めておく方法）、③比例代表制における政党の候補者リストに候補者名を男女交互に載せる方法等が含まれる。日本でも 2018 年 5 月 16 日に、「政治分

野における男女共同参画推進法」が全会一致で可決成立した（同 23 日施行）。同法のもとで、各政党には選挙の候補者を決定する際に男女の数をできるだけ均等にすることが努力義務として課せられる。各政党の今後の動きを注視したい。

## 外国籍住民と参政権

　民主主義と参政権との関係を考えるうえで、看過することができないもうひとつの課題が、在日外国人に参政権を認めるか否かの問題である。公職選挙法上、国政か地方選挙かを問わず、選挙権・被選挙権は国民、すなわち日本の国籍保持者のみに認められている。したがって、日本には約 256 万人の外国籍住民[*3]が住んでいるが（2017 年末現在）[*4]、これらの住民には日本の選挙で立候補することも、投票することも認められていない。同様に、憲法改正国民投票や地方特別法住民投票における投票権、最高裁判所裁判官の審査権も認められていない。

　外国籍住民（無国籍の者も含む）は日本国籍を有しないという点を除き、住民という意味では日本国籍保持者と何ら変わるところがなく、明らかに日本社会を形成する一員である。これらの人々が自らの政治的意思を示す重要な手段である参政権の権利主体に含まれていないということ自体、この社会の排他性・非民主性を表している。これらの人々は数値のうえでマイノリティであるだけでなく、外国籍あるいは無国籍であるという理由から社会でさまざまな差別に直面してきた。その意味でも、これらの人々の声を人権施策に反映させるためのひとつの道筋として、参政権の付与が求められる。

---

*3　ここでいう外国籍住民とは、中長期的に日本に定住する外国人と特別永住者のことを意味する。また無国籍の住民もここに含める。特別永住者とは、旧植民地（朝鮮半島と台湾）の出身者とその子孫を対象とする在留資格のことである。
*4　法務省入国管理局「平成 29 年末現在における在留外国人数について（確定値）」<http://www.moj.go.jp/nyuukokukanri/kouhou/nyuukokukanri04_00073.html>（2018 年 5 月 7 日最終閲覧）。

1995年、最高裁は地方選挙権訴訟において、地方公共団体と密接なかかわりを持つ永住者等の外国人については、その意思を地方公共団体の事務処理に反映させるために、地方選挙での選挙権を認める立法措置をとることは憲法上禁じられていない、との判断を示した（1995年2月28日最高裁判決）。最高裁の判断は選挙権に関するものであるが、意思の反映という点を考えると、外国籍住民に地方選挙の選挙権のみならず被選挙権を認めることも合理的な施策の範囲にあるといえるだろう。

　国政選挙については、地方選挙と異なり国の政策を決めることにつながるものである以上、外国籍住民には選挙権や被選挙権を認めるべきではないという声もあろう。しかし、憲法前文に「わが国全土にわたつて自由のもたらす恵沢を確保し」（一段）と書かれているように、憲法は日本の国籍の有無にかかわらず、日本に住む者であれば誰もが自由を享受する対象となることを前提としている。この点から、この社会に住むすべての人々の自由の保障につながる施策のひとつとして、外国籍住民に国政選挙における選挙権・被選挙を認めることの正当性を導くことができよう。またそうした施策は、多様なアイデンティティや考えをもつ人々の存在を認める寛容な社会を構築することにもつながるはずである。

　外国籍住民の参政権を制度化するうえで注意しなければならないのは、参政権付与の代償として、これらの人々に日本社会への同化を求めるようなことがあってはならない点である。同化は、一人ひとりの人格の形成に大きなかかわりを有する各自のアイデンティティ（たとえば民族性）を否定し、尊厳を脅かすものとなる。参政権とは、異なる考えをもつ個々人の意思を公的な決定に反映させようとするための手段であり、民主主義の根幹を支えるものである。そうである以上、同化とは対極的に位置づけられるものなのである。

## 旧植民地出身者とその子孫の参政権問題

　大日本帝国による植民地支配下では、さまざまな理由から朝鮮半島や台湾から現在の日本（当時は「内地」と呼ばれていた）に来ることになった

（留学等）、来ざるをえなくなった（生活の手段を奪われ、「内地」で仕事を探さざるをえなくなった等）、または強制的に連行されてきた人々が生じた。外国籍住民には、これらの人々のうち解放後も自らのルーツがある旧植民地に戻ることができなくなった人々やその子孫が含まれている。その多くは在日朝鮮人である（ここでいう朝鮮人とは国籍にかかわりなく、朝鮮半島にルーツをもつ朝鮮民族を意味する）。これらの人々の参政権問題を考える際には、植民地支配と解放後、すなわち解放民族となったあとの取扱いについて理解しておく必要がある。

　大日本帝国は植民地支配下においている人々に国籍を付与し、一方的に臣民（天皇の家来）と位置づけた。上述したように、1945年12月に衆議院議員選挙法が改正され、女性に参政権が認められたが、一方で同法に導入された附則に基づき、日本に残っている旧植民地出身者の選挙権・被選挙権が停止された。国籍を保持しているにもかかわらずである。その後、1952年4月28日のサンフランシスコ講和条約の発効と同時に、これらの人々から日本の国籍が一方的に剥奪され、ここで参政権が完全に否定された。この一連の歴史は、日本在住の旧植民地出身者とその子孫が1946年4月の衆議院議員選挙から現在に至るまで、参政権を否定され続けてきたことを語っている。旧植民地出身者がこうした支配の歴史のなかで一方的に国籍を与えられ、また奪われてきたこと、およびその影響がその子孫にまで及んでいる点に鑑みるならば、旧植民地出身者とその子孫の参政権については、ことさら特別な措置を早急に講じる必要があろう。

（清末愛砂）

## II-7 政治とカネ

# 清潔な政治がなぜ正しいか

経団連、自民への政治献金、4年連続呼びかけへ

　経団連は会員企業に対し政治献金をするよう、四年連続で呼びかける方針を固めた。経済再生を最優先に掲げる安倍晋三政権を支える方針を会員の約千三百社に伝える。献金の是非を判断するための基礎資料となる政党の政策評価に関しては、自民・公明の与党について「国内外の政策で成果を上げており評価できる」とし、昨年の内容をほぼ踏襲する見込みだ。

　十月上旬に開く会長・副会長会議で政策評価を了承し、幹事会で榊原定征（さだゆき）会長が自民党への政治献金を呼び掛ける。政策評価は政治献金の参考資料との位置づけで、榊原会長がこれまでと同様、会員企業の自主判断に基づいた政治献金を呼びかけるが、実質的には自民党への献金を続けることになる。

　榊原氏は会長に就任した二〇一四年九月、中断していた政治献金を「社会的貢献」として呼び掛ける形で五年ぶりに再開。四年目となる今回も「経済最優先」を唱える安倍政権との連携の必要性を強調する。

　経団連は一九九三年まで業界に必要金額を割り当てる「あっせん方式」を採用し、年百億円以上を集めていた。自民党向けの企業献金は一二年が約十四億円。政権復帰後の一三年には約二十億円に増え、その後は年二十数億円で推移している。

　榊原氏はこれまで政治献金に関し「民主主義に必要なコストで企業による社会貢献の一環。何か見返りを求めて呼びかけるわけではない」と説明している。

(2017年9月27日東京新聞朝刊)

### ■何が問題か

カネの力で政策が左右されたり、歪められてもよいのだろうか。
政治がカネから解放される道はないか。

## カネではなく、説得力と票の力で議会を動かす

　もし企業が国会議員に、自社に有利になるような国会質問をしてもらったり、誰かに働きかけるように頼み、そのお礼に現金を贈ったらどうなるだろう。そんなことをした企業と議員は、当然、汚職の罪（あっせん利得罪や受託収賄罪）で処罰される[*1]。

　ところで私たちは、ある政策が実現されることを願い、それを説明する目的で議員の事務所を訪れたり、請願署名を届けたりすることがある。それは請願権（憲法16条）の正当な行使だから、請願した側もされた側ももちろん処罰されることはない。

　どちらも議員を動かそうとした点で変わりはない。しかし議員を動かす力の源が根本的に違っている。前者ではカネの魅力であり、後者では政策の説得力や票の魅力だ。

　カネにいいなりの議員ばかりだと、金持ちも貧乏人も「どの主権者も等しく扱われる」という主権者の平等（憲法14条、44条）は意味を失う。また人々は、政治を信頼できなくなる。

　民主主義社会では、カネの力ではなく、誰もが等しくもつ「説得の力」と「票の力」を集めて政治は進められるべきだろう。選挙も同じで、優れた政策を示して票を得ようとするのはまっとうな選挙運動だが、カネで票を売り買いする行為は売買収として処罰される。だから議会制民主主義がカネに屈することのないよう、法制上のしくみを整えることが望ましい。

## 議員をカネの力から解放する

　経団連は「献金には見返りを求めない」と言っているけれど、それは

---

[*1]　例としてリクルート事件（1988年頃）がある。リクルート社は、就職協定に関してリクルート社に有利になる国会質問をするよう国会議員に頼み（請託）、それを受けて（受託）質問をした議員には、現金や未公開株を贈った。

本当だろうか。カネは、議員を支配しようと狙っているのではないか。それを防ぐために、以下のような対策が必要となる。

①　議員をめぐるカネの流れをオープンにする（透明性の確保）[*2]。

議員の収入内訳や資産状況を公開すれば[*3]、どの議員に誰がいくらカネを渡したかがわかる。議員と特定スポンサーの関係が暴かれれば、議員にカネを渡して得られる旨味もおそらく減るだろう。

②　議員に流れ込むカネの量を直接制限する。

現行法は議員個人に対する政治献金を禁止しているが、その政治資金団体への献金は許されている。その場合でも、受け取ることのできる政治献金の額に上限を設けたり、企業・団体からの献金を禁止するといった方法だ。

これに強制力をもたせる（違反した人に罰を科す）には、①②を、法律の形式で定める必要がある。ところが法律をつくるのも法律で規制されるのも、どちらも議員である。ここが悩ましいところで、規制は甘くなる。政治とカネの関係を規律する法律は、ザル法になりがちなのだ[*4]。つまり、法的責任の追及には限界がある。

そこで法的な責任追及と別に、私たちは「知る権利」（憲法21条）を使って、議員たちを監視し、その政治的責任を追求する必要がある。また議員には「全体の奉仕者」（憲法15条2項）、「全国民の代表」（憲法43条1項）としての自覚が求められる。カネの力に屈するのは、「一部の奉仕者」「一部の代表」への堕落を意味するのだから。

## 国家財政には透明性と公平性が必要だ

国家財政をめぐるカネの動きを透明・公平にすることで、議会制民主

---

[*2] 総務省に提出された国会議員関係の政治資金収支報告書は、インターネット上で閲覧できる <http://www.soumu.go.jp/senkyo/seiji_s/index.html>。
[*3] 国会議員資産公開法に基づき、不十分ながら議員の資産は公開される。
[*4] たとえば1件5万円以下なら寄付者名を公表する必要がない。だから大口寄付をするときには、5万円に分割して匿名化できるという抜け道がある。

主義をカネの力から守ることができるかもしれない。

① 法律は、すべての人・出来事に対して等しく及ぶ（法律の一般性・抽象性）。カネの力はしばしば、特定の人に有利／不利な法律、つまり一般性・抽象性をもたない法律をつくらせようとする。だが法律の一般性・抽象性が厳格に守られれば、不公平な法律をつくらせる企みの多くをある程度は防ぐことができるのではないか。

② 国の財政は、歳入（収入）・歳出（支出）いずれも、国会の議決した予算どおりに執行される。このように国会が財政を統制する権限をもつことを、財政議会主義という（憲法83条以下）。また国会の会議は（財政を審議するときも含めて）公開され、会議の記録は公表される（憲法57条）。

③ 公金（国の所有するお金）や国有財産は、公平に使わなければならない。たとえば、有力政治家の知人というだけで、その人に特別に国有財産を安価で譲り渡すといったことは、公平さを損なっているし、また無駄遣いにもなる。憲法89条も「公金その他の公の財産は、宗教上の組織若しくは団体の使用、便益若しくは維持のため、又は公の支配に属しない慈善、教育若しくは博愛の事業に対し、これを支出し、又はその利用に供してはならない」と定める。

## 議会制の当然のコストは負担しなければならない

どんな政治制度にもコストが伴う。君主制には宮殿を維持するコストがかかる。議会制民主主義には、議員を働かせるコスト（生身の人間である議員の生活費＋政治活動費）がかかる。

議員は、国から相当額の歳費（給与）を受け取ること（憲法49条）、それが「一般職の国家公務員の最高の給与額……より少なくない」こと（国会法35条）が決められている。歳費は月額約130万円である。そのほか文書通信交通滞在費、期末手当などがある。これは高過ぎると批判されることがある。たしかに法律で額を決めるから、「お手盛り」になる危険がある。

では歳費や手当を削ればうまくいくだろうか。簡単な損得勘定をして

みよう。

　まず得のほうからいうと、国の財政が節約できる。ただし議員にかかる経費をゼロにしても（それは憲法49条違反だが）、年間170億円の節約にとどまる。これは新型戦闘機をやっと1機買える程度だ。

　損のほうの計算は難しい。だが議員活動の質や量が落ちると、不利益は私たちに跳ね返る。それに歳費を削りすぎると、貯金のある人しか議員になれないという弊害が生じる[*5]。

　議員がカネを必要とするのは、ひとつには選挙費用や供託金[*6]が高すぎるからだろう。だから選挙経費をできるだけ公的に賄ったり、供託金制度を廃止することが、議会制民主主義をカネの力から守るうえで有効である。

　またコスト削減のために議員数を減らそうという議論もある。しかし下院議員1人当たりの人口をみると、日本では約27万人だが、イギリスやイタリアでは約10万人、フランスでは約11万人である。日本の国会議員は決して多くないのだ。

（永山茂樹）

---

*5　19世紀初頭イギリスの労働運動（チャーチスト運動）は、労働者階級が議会に進出できるように、下院議員に歳費を支給することを要求していた。

*6　公職選挙に立候補する者は、供託金を納めなければならない。また得票数・率が一定値（没収点）に満たなかった候補者の供託金は全額没収される。衆議院小選挙区の場合、供託金は300万円、没収点はその選挙区における有効投票数の10分の1だ。一般庶民の年収に匹敵する供託金制度は、主権者が立候補する権利を妨害している（公選法92条以下）。

## II-8 外交・条約

# 国会は外交にかかわりうるか

> TPP: 強行採決「幹部が決める」 山本農相
> 　山本有二農相は18日、東京都内で開かれた佐藤勉衆院議院運営委員長（自民党）のパーティーで、環太平洋パートナーシップ協定（TPP）承認案の衆院特別委員会審議を巡り「強行採決するかどうかは佐藤氏が決める。だから私は、はせ参じた」と述べた。状況によっては強行採決も選択肢になるとの認識を示唆したとも取れる発言。野党が問題視する可能性がある。
> 　佐藤氏は自民党の前国対委員長。山本農相は衆院で本格化したTPP審議で答弁を担当している。TPPを巡っては先月、特別委理事だった自民党の福井照衆院議員が「強行採決という形で実現するようがんばらせてもらう」と述べ、批判を浴びた。　　　　　　　（2016年10月19日毎日新聞東京朝刊）

### ■ 何が問題か

外交や条約の締結に国会はどう関わることができるか。
実際の国会は、その権能を十分に活かしているといえるか。

## 国会は国権の最高機関である

　はじめにひとつ、確認しておきたいことがある。外交・条約は、私たちにとって決して縁遠いものではなく、私たちの生活に直接・間接に影響を及ぼす点で、きわめて身近な問題だということだ。
　租税条約（国際法）は、租税法（国内法）を媒介にして、私たちに納税を義務づける。温暖化ガス排出を規制したり、人種差別を禁止する条約を挙げてもよい。こういう例は、政治・経済・社会のグローバル化に伴って増えている。だから外交・条約に対して民主的統制をかけることの重要性も高まっている。そういった問題意識をもって、国会の憲法上の位置づけをみておこう。

## II-8
### 国会は外交にかかわりうるか

　憲法では、国会は「国の唯一の立法機関」であり、また「国権の最高機関」である（憲法41条）。この「国権の最高機関」の意味について、人々の理解は分かれている。大別すると、①国会が他の国家機関を統括する権限（具体的には監視や批判）をもつというもの（統括機関説）と、②政治的美称（ほめ言葉）にすぎず、具体的な権限の根拠とはならないというもの（政治的美称説）とだ。

　統括機関説の立場は、「国権の最高機関」に法的意味を読み込もうとする。だが、国会が国政全般で過度に強力になってしまうかもしれない。それは権力分立原理（三権分立）や司法権の独立（憲法76条）との関係で問題がある。また主権者全体も国家機関のひとつだから、国会が国権の最高機関ということは、国民主権原理との関係でも問題がある。そういうこともあって、政治的美称説が有力だった[*1]。

　しかし近年では再検討が加えられている。

　たしかに権力分立は、立憲主義にとって欠かすことができない（Ⅰ-3参照）。しかしそのことは、憲法41条の言葉から法的意味を奪う政治的美称説の決め手にはならない。権力分立や司法権の独立を尊重しながら、それでも（国民によって直接に選ばれる議員で構成されることで）民主的性格の最も強い国会が、他の国家機関より優位に立てばよいからだ。

　国民主権原理との関係はどうだろう。国民全体を、国家統治の一機関とみてしまえば、国会が国民より優位になる危険がある。しかし国民は「国家機関」ではなく、国家全体を動かす権力の淵源だろう。だから国会が「国権の最高機関」であっても、国民の主権行使を害してよいということにはならない。かえって国民に対して直接の責任を負いながら、国民の主権行使を支える機能を果たすことが期待できる。

　そこで、国権の最高機関に法的意味を読み込み、それを根拠にして、国会は主権者である国民のために積極的な役割を果たすことができると

---

[*1] 政治的美称説が支持された背景には、参議院法務委員会が、国権の最高機関性を根拠に、司法権の独立を侵害するやり方で国政調査権を行使したという歴史的事情もあった（1948年頃）。

いう憲法解釈を支持する人が増えている。

## 実際には国権の最高機関ではない

　しかし現実の国会の姿は、お世辞にも「国権の最高機関」とはいえない。とくに行政府との力の逆転ははっきりしている。事実上の決定権は、国会から内閣の手に移っているようだ。

　こういう国家のことを行政国家という。ある論者の表現を借りれば、「本来統治の出力過程の公式担い手たる行政が同時に入力過程すなわち政治（国家基本政策の形成決定）にも進出して中心的かつ決定的役割を営む」（手島孝）状態だ。行政国家化は多くの国に共通するが、日本の行政国家化は度を越しているようだ。

　これに関係したクイズがある。「衆院議長と参院議長（立法府の長）は誰か」というものだが、正解はわかるだろうか。

　行政機構は、首相を頂点に形成されるピラミッド型組織だ。対して、立法府は多数の議員（衆院465名、参院242名）で構成されたフラット型組織だ。両院議長がリーダーシップを発揮するのは、表決の結果可否同数だったり、重要法案をめぐって両院が対立するなど、例外的場面に限られる。だから、首相に比べて両院議長の認知度が低いことの説明は一応つく。

　だがこの認知度の差は、国会の果たす役割が重要でないことからくるのかもしれない。どの新聞にも、首相が語った言葉や、前日に訪れた場所が載っている。しかし国会での議論は詳しく報じられない。メディアや国民は、国会における議論より首相の動向を気にしている。

　このように、理念（国会優位）と現実（国会劣位・行政国家）とはねじれの関係にある。ねじれはどういう方向で直したらよいのだろう。

　もし国会が統治の入力過程の担い手なら、主権者は選挙権を使って統治の入力にアクセスすることができる。行政が統治の入力過程の担い手なら、主権者は統治の入力にアクセスすることができない。だから行政国家では、主権者の意思が政治に反映しづらくなるという限界がある。

したがってこの場合、ねじれを解消するには、「理念を現実に合わせる」のではなく「現実を理念に近づける」ことが必要だ。この先では、外交・条約の領域で、問題を考えてみよう。

## 国会は外交の蚊帳の外？

他国との関係を扱う外交処理や条約締結の権限は、かつては多くの国で君主が独占していた。ロックやモンテスキューら近代の先駆けとなった思想家たちでさえ、それらの主体が君主であることについて疑いをもたなかったようだ。

このような権力分立の構図は、近代国家に引き継がれていく。すなわち立憲君主制では国王に、また議院内閣制では内閣に、外交処理権・条約締結権は帰属した。大日本帝国憲法においても「戦ヲ宣シ和ヲ講シ及諸般ノ条約ヲ締結ス」権限は、天皇に帰属した（13条）。議会が外交・条約にかかわることは、天皇大権の侵犯を意味した。

19世紀は「議会優位の時代」ということがあるけれど、このように、議会は外交や条約から排除されていた。外交には秘密がつきものだから、というのが理由だった。しかし議会に隠れて進められる外交は、ともすると戦争につながりかねない。そこで第一次大戦後の国際社会は、秘密外交を制限しはじめた[*2]。だから現在では、議会が外交や条約にかかわることを原則的に拒む理由はもはやない。

にもかかわらず、日本の国会は蚊帳の外に置かれている。たとえば太平洋を囲む諸国の間の貿易ルール＝TPP（環太平洋パートナーシップ協定）をつくる交渉・承認の過程に、国会は実質的にかかわることができただろうか。次の経緯をみてもらえばわかると思うが、国会も国民もその過程ではほとんど何も知らされないままだったのだ。

① TPPによって関税が撤廃されると、とくに農林水産業にとって

---

*2　アメリカ大統領ウィルソンが発表した「14箇条の平和原則」（1918年）は「外交は常に率直に、かつ衆人環視の下で進められるべき」とした。

の打撃となるおそれがある。そこで交渉へ日本政府が参加するにあたり、両院は、コメなどの重要5品目が「引き続き再生産可能となるよう除外又は再協議の対象とすること」を実現するよう、政府に強く求める決議をあげた(2013年4月)。

② TPPの交渉過程は、どの国の国民に対しても、秘密のヴェールに包まれていた。TPP交渉国の間では、交渉内容を公表しないという合意があり、交渉文書や関連資料なとは協定発効後4年間秘匿されることになっていることが、ニュージーランド政府関係者によって明らかにされた(2015年)。

③ 日本の国会議員は、幾度も交渉資料を開示するように求めた。しかし日本政府はこの「協定交渉上の守秘義務」を盾に、国会・国民に対して情報を明かさなかった。ようやく参加国の間で大筋の合意がなされたあとで、日付とタイトル以外はすべて黒塗りのかたちで「開示」された(2016年4月)。

④ 大筋合意(2015年)では、重要品目の輸入枠が設定されたり、関税の大幅削減が約束されていた。国会決議との矛盾が問題になったが、農水大臣は「備蓄米として主食に影響が出ないような対策をしている」ので「国会決議は守れた」と答えた(衆院TPP特別委員会2016年4月22日)。

## 外交の重要なアクターとしての国会

外交・条約に対する民主的統制について、憲法上の規定を確認しておこう。

① 最初に述べたように、国会は国権の最高機関として、国民のために、内閣に対して強い権限(監視、批判など)を行使することができる。内閣は、行政権の行使について、国会に対し連帯責任を負う(憲法66条3項)。

② 外交関係の処理は内閣が行う(憲法73条2号)。しかし同時に「内閣総理大臣は、内閣を代表して……外交関係について国会に報告する」(憲法72条)。国会は報告を受けることができるのだ。また国民は、内政

と同様に、外交や条約に関する情報を知る権利をもつ(憲法21条)。

③　条約の締結は内閣が行うが、それには事前に時宜によっては事後に(つまり、原則としては事前に、ということ)、国会の承認が必要である(憲法61条、73条3号)。この場合の条約とは、名称に「条約」と題されているかどうかには関係なく、国家間の基本的関係を法的に規定するものを総称する。「日米防衛協力のための指針」(日米ガイドライン)には、条約の名称はついていない。だが日米安保条約を実質的に改訂するものだから、条約に該当し、改廃には国会による「事前または時宜によっては事後」の承認が必要なはずだ。しかし実際には、国会承認がないままガイドラインの締結(1978年)と改正(1997年および2015年)は繰り返されてきた。

④　日本は非軍事国家だから(憲法前文、9条)政府が国会や国民に対して軍事に関する情報を隠すことはもちろん、そもそも軍事に関する情報をもつことに正当性がない。秘密保護法は、政府が「防衛に関する事項」などの特定秘密を国会・国民に隠すことを認めているが、それは国家が持ってはならない情報を持つことを認めたものだから、違憲の疑いがある。

このように、外交およびそれと密接にかかわる条約の領域で、国会の民主的統制(報告を求めたり、内閣の責任を追及する)が憲法で約束されているのだ。

しかし国会がこれら権限を行使し、外交のアクターとなるには、それなりの資源も必要だ。

すなわち、外交問題を熟知した議員、充実した議員スタッフ(とくに行政から支援されにくい野党議員の活動のため)と財政、国政調査権の有効な行使に必要な制度(議院証言法および国会法の改正)などが揃うことによってはじめて、国会はこの分野において名実ともに「国権の最高機関」となるだろう。

(永山茂樹)

## II-9 衆議院の解散

# 解散は総理の専管事項か

> **安倍首相「この解散は国難突破解散だ」**
>
> 　安倍晋三首相は 25 日午後 6 時から記者会見し、28 日に召集する臨時国会の冒頭で衆院を解散すると表明した。「この解散は国難突破解散だ。急速に進む少子高齢化を克服し、我が国の未来を開く。北朝鮮の脅威に対し、国民の命と平和な暮らしを守り抜く。この国難とも呼ぶべき問題を私は全身全霊を傾け、国民とともに突破していく決意だ」と述べた。
>
> 　首相は、核・ミサイル開発を進める北朝鮮を非難したうえで、「民主主義の原点である選挙が、北朝鮮の脅かしによって左右されることがあってはならない。こういう時期にこそ、選挙を行うことで北朝鮮問題への対応について国民に問いたい」と強調。「選挙で信任を得て、力強い外交を進めていく」と述べた。
>
> （2017 年 9 月 25 日朝日新聞電子版）

### ■ 何が問題か

内閣は自由に解散権を行使してよいのか。
解散の理由は妥当だったのか。

## 衆議院には解散制度がある

　任期途中で議員全員を辞めさせることを、議会の解散という。日本国憲法では、この制度は衆議院だけにあり参議院にはない。まずは解散に関する憲法の規定を読んでみよう。
　① 「天皇は、内閣の助言と承認により、国民のために、左の国事に関する行為を行ふ。……三　衆議院を解散すること」（憲法 7 条）。
　② 「衆議院が解散されたときは、解散の日から 40 日以内に、衆議院議員の総選挙を行ひ、その選挙の日から 30 日以内に、国会を召集しなければならない」（憲法 54 条 1 項）。
　③ 「内閣は、衆議院で不信任の決議案を可決し、又は信任の決議案

を否決したときは、10日以内に衆議院が解散されない限り、総辞職をしなければならない」（憲法 69 条）。

④ 「内閣総理大臣が欠けたとき、又は衆議院議員総選挙の後に初めて国会の召集があつたときは、内閣は、総辞職をしなければならない」（憲法 70 条）。

①③は解散の方法を、②④は解散後の手順を決めている。下図を見てほしい。どの道をたどっても、内閣の総辞職（内閣総理大臣を含む全大臣が辞職すること）、そして国会による内閣総理大臣の指名手続（選び直し）に進むのに変わりはないことがわかる。

だが①③の解釈には対立がある。簡単にいうと「憲法 69 条から始ま

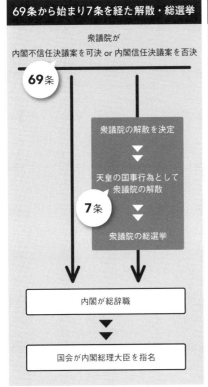
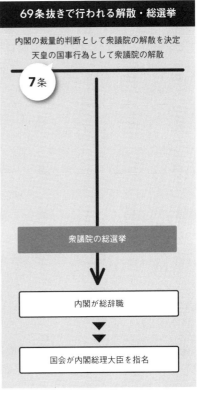

り同7条を経た解散・総選挙＝③＋①」（衆議院が内閣にケンカを売ったのに対して、内閣がケンカを買った場合である[*1]。69条解散という）のほかに、「憲法69条抜きでいきなり行われる解散・総選挙＝①」（衆議院がケンカを売ったわけではない。7条解散という）は可能か、という問題だ。

## 「議院内閣制の本質」とのかかわり

　解散権は内閣がもつきわめて強力な権限なので、使い方次第で、議会制民主主義や権力分立は壊れてしまう。だから国会を「国権の最高機関」（憲法41条）と位置づけた日本国憲法で、内閣が衆議院の解散権をもつことの実質的な理由が問われてきた。そしてそのことは、議院内閣制における解散権の位置づけとあわせて説明されてきた。
　①　衆議院解散権を議院内閣制の本質的要素のひとつとみる立場
　国会と内閣との間には均衡関係（バランス）が欠かせない。だから衆議院が内閣不信任を決議するのに対抗して、内閣が衆議院を解散することに問題はない。①の議論は、憲法69条を経ず解散をしてよいという結論につながる。
　②　衆議院解散権を議院内閣制の本質的要素ではないとみる立場
　議院内閣制にとって重要なのは、内閣が国会に対して責任を負う／国会は内閣の責任を追及する、ということだ。だから、内閣の衆議院解散権の存在は必須ではない。②の議論は、むしろ憲法69条を経ずに衆議院を解散することは、憲法との関係で問題があるという結論につながる。
　「議院内閣制のお手本」といわれるイギリスでも、内閣に下院解散権がある。そのこともあって、日本では①のような理解が有力だった。ところが2011年のイギリス議員任期固定法[*2]は、(a)下院が内閣不信任決

---

[*1] 衆院がケンカを売ったわけではなく、両者合意のうえで、不信任決議＋解散という手順がとられたことが1度あった（1948年）。これは「なれ合い解散」という呼び名がつけられている。
[*2] 『外国の立法』254号（2012年）に同法について詳しい解説が載っているので、関心があれば調べてみるとよい。

議案を単純多数決で可決し、その後 14 日以内に内閣信任決議案を可決しないとき下院は解散される、(b)下院は定数の 3 分の 2 以上の賛成で自主解散決を決定することができる、と定めた。

こうなると（いままでと逆に）①すなわち憲法 69 条を経ない解散のほうが疑わしくなってくる。

## どのような解散が望ましいか

議院内閣制の本質から結論づけるのは容易ではない。そこで本質と切り離し、（憲法 69 条を経ない解散について）議会制民主主義との関係で、その意義や限界を考えてみたい。

衆議院の解散は、国民に対して、選挙を通じて意思を表明する機会をもたらす。そうすると、「以前の選挙のときになかった重要な問題が新たに生じたとき」や「衆議院の多数派と内閣との間で重要な問題をめぐって見解が分かれ、そのままでは政治が進められないとき」の解散は、国民主権に資するものとして積極的に評価することができるだろう。

これに加えて「議員の任期終了が近づいたとき」を、解散してもよい場合に挙げる人がいる。任期終了が近いから解散をしても実害は少ないと言うのだろうか。でも任期終了が近いなら、解散をせず少しの間待てばよい。だから解散してよい場合とはいえない。

反対に、解散権を行使してはならない場合がある。「争点が具体化しておらず、選挙で国民に何を問うかはっきりしないとき」「同じ問題で続けて解散するとき」「『いま解散・総選挙すれば内閣（与党）に有利だ』といった党利党略の発想に基づくとき」などだ。

解散権を行使してはならないのに解散することは、解散権の濫用にあたる。必ずしも憲法違反とはいえないかもしれないが、議会制民主主義を軽視した行為で、憲法の趣旨に反するとはいえる。また解散・総選挙にかかる費用は、総務省の負担分だけでも 600 億円にのぼるから、国費の無駄遣いでもある。

関連して「解散は首相の専管事項だ」という言い方があるけれど、2

つの意味で問題がある。第一に、解散は合議体である内閣が決定するものであり、首相一人で決めることではない。首相の専管事項とは、国務大臣の任免権（憲法68条）、内閣を代表した議案提出権（憲法72条）といった場合に使う概念だ。第二に、上で述べたように、内閣といえども解散権を使ってはいけない場合がある。だが専管事項論は、解散を完全な自由だとみている。

## 解散権はどう使われてきたか

　大日本帝国憲法では、天皇に衆議院の解散権があった（7条）。とくに明治憲法が施行された初期には、民権派（政府の強引な政治に反対し、自由の保障を主張した人々）が優勢だった衆議院を押さえつけるため、政府はこの解散権を頻繁に用いた。

　日本国憲法下で衆議院総選挙は26回実施されている（2018年5月現在）。そのうち解散に伴う総選挙は25回、任期満了に伴う総選挙は1回（1976年）だけだ。また内閣不信任案が可決された例は4回あるが、いずれの場合も衆議院が解散された。つまり、衆議院議員が任期満了まで務めることは稀で、しかも多くの解散は、憲法69条を経ずに7条だけに基づいていた。

　では2017年の解散はどう評価されるだろうか。

　安倍首相はそれを「国難打開のための解散総選挙」と説明した。「国難」とは大仰な響きだが、実際、2017年秋の日本で「国難」とは何か、誰も説明できなかっただろう。また仮に「国難」が実在したとしても、衆議院を解散するとどうなるのかははっきりしていなかった。そうすると、内閣が解散権を行使してはならない場合にあたったのではないか。

　もしかするとこの解散・総選挙では、首相にすべての権力を任せることへの、国民の同意が求められていたのかもしれない。これは独裁者を生み出すためのプレビシット[*3]そのものだ。皇帝に就任するためにナポ

---

[*3] 異なる政策の選択ではなく、ある人物に全権を委ねるために行われる国民投票。

レオン3世が行った国民投票（1852年）、総統就任を正当化するためにヒトラーが行った国民投票（1934年）などが悪しき前例である。首相の思惑は外れ、国民の多数はそれに同意しなかったが。

（永山茂樹）

## II-10 野党の意義

# 野党は国会に必要ないのか

> 質問時間、与党が倍増　衆院予算委、与党5・野党9に「前例とせず」で合意
>
> 　国政全般を議論する衆院予算委員会で、野党の質問時間が削減されることになった。与野党は22日の同委理事懇談会で、27、28両日の審議（計14時間）を与党5時間、野党9時間とすることで合意。「前例としない」としたものの、配分見直しを目指していた与党が押し切った格好だ。
>
> 　衆院予算委の持ち時間はこれまで、「与党2対野党8」だった。今回の合意で「与党36％対野党64％」となり、与党の質問時間が2倍近くになった。
>
> 　与党側は衆院選大勝を背景に、すべての委員会で配分を見直す方針を決めた。15日開催の衆院文部科学委から「5対5」を提案。野党の反対を受けて「1対2」に譲歩したが、予算委でも「5対5」を提案し、従来通り「2対8」を主張する野党側と対立していた。……
>
> 　「2対8からは一歩前進した」。22日、予算委の与党筆頭理事を務める菅原一秀氏（自民）は胸を張った。与党は質問者6人も早々に決定。当選2回の加藤鮎子氏を起用するなど、若手への配分を演出してみせた。
>
> 　対する野党。削減を受け入れる潮目になったのは、21日だった。
>
> 　野党側には、与党との対立が続けば審議を拒否せざるを得ず、衆院選後初めての予算委で首相を追及できなくなるというジレンマがあった。野党各党の国会対策委員長が協議を重ね、与党に「5対5」を取り下げさせる代わりに野党側の「2対8」の旗も下げることを決断した。……
>
> （2017年11月23日朝日新聞東京朝刊）

## ■ 何が問題か

野党（議会内少数派）の議会における存在意義は何か。

## 多数決・審議・公開

　憲法 56 条 2 項は、「両議院の議事は、この憲法に特別の定のある場合を除いては、出席議員の過半数でこれを決し、可否同数のときは、議長の決するところによる」と規定している。国会の両議院の議決は、法案の衆議院での出席議員の 3 分の 2 以上の賛成という特別多数による再議決（憲法 59 条 2 項）等の例外を除いては、出席議員の過半数以上の賛成という多数決で決せられる。

　両議院の議決が原則として多数決とされていることに違和感をもつ人はほとんどいないであろう。一般に議会制とは、民主的に選挙された合議機関が、法律制定など強制力を伴う決定を多数決で行う制度である。

　ここで大切なことは、議会が多数決によって法律案等の議案の議決をすることだけではない。議決にいたる審議過程で、議会が合議機関として、議案の内容、必要性や合理性、憲法も含む他の法令との整合性等を十分に審議したうえで多数決で決したかどうかも大切である。議会は、国政の重要事項を決定する機関であると同時に、それらを精査し、民意をも意識しつつ審議をすることを特徴とする機関である。

　その審議は、単に議案を精査するためだけのものではない。公開の審議を通じて、議案の内容や問題点を広く国民に示し、それへの国民の応答をも踏まえて、決定すべきものは決定するという、まさに民主主義の機関でもあるのだ。憲法 57 条が国会の「会議」の公開原則を定めているのは、そういう趣旨も含む。

## 議会内少数派（野党）の存在意義

　さて次に議院内閣制について説明する。議会制の特徴だけではなくこの議院内閣制という制度を理解していないと、議会内少数派の存在意義を理解することは困難だからだ。議院内閣制とは、①行政権と立法権が分離されており、それらが別の国家機関に授権されている、②行政権の担い手（内閣）は立法権の担い手（議会）に対して責任を負うという特

徴を有する統治制度である。日本国憲法は、議院内閣制を採用している。普通選挙によって選ばれた国会が内閣総理大臣を指名し（憲法67条）、内閣総理大臣が国務大臣を任命する（憲法68条1項）。行政権は内閣に属し（憲法65条）、立法権は国会に属しており（憲法41条）、行政権と立法権は分離されている（①）。また内閣は行政権の行使について国会に対して連帯して責任を負う（憲法66条3項）（②）。

　本章との関係で注意すべきことは、議院内閣制の下では選挙で選ばれた国会の多数派が内閣を組織するという点である。つまり、国会の多数派と内閣の構成員は、通常、同じ政党（与党）のメンバーであるということである。

　なお、内閣総理大臣の指名手続には衆議院の優越制度があるので、衆議院で過半数以上の議席を有している政党の党首が内閣総理大臣に指名される（憲法67条2項）。

　ところで、議院内閣制では、内閣と議会との間の権力分立の要素が弱まる。内閣が議会の多数派（与党）から選出されるため、内閣と与党とは相互に牽制しあうというよりも協働して統治するという側面が強いからだ。そこで、議院内閣制の下で権力分立の要素を強めることが期待されるのが議会内少数派（野党）ということになる。議会内少数派により多くの質問時間を割り振ることは、行政権の行使について内閣によりよく説明責任を果たさせ、与野党の間で重要な点において対立がある法案等の議決を困難にする（法案等につい与党や内閣が丁寧な説明をし、野党やそれを支持する有権者を説得しなければならない）等、権力分立の要素を強めるという貴重な意義がある。

　それゆえに、公開での慎重な審議をしたうえで議案を決するという国会の特徴だけではなく、議会多数派（与党）と内閣との協働関係をもあわせて考えたうえで、与野党の質問時間の適当な配分について考えなければならないのだ。

## 適当な質問時間の配分

　2017年末頃から、与党（自由民主党）は、突然、それまで与党2に対して野党8であった各議院の諸委員会での質問時間の配分を、与党5に対して野党5などとする変更を提案するようになった。その提案の理由は、従前の時間配分だと数の多い与党議員には委員会等での質疑の機会が確保しにくい等というものである。しかし国会議員には、委員会等での特定の議題についての質問である質疑のほかに、議題と関係なく議員が内閣に説明を求める質問をする方法である「質問主意書」の提出権がある（国会法74条）。内閣は、それに対して7日以内に「答弁」をしなければならない（国会法75条2項）。すなわち国会議員は、いつでも「質問主意書」によって国政一般について内閣の説明を求めることができるのである。

　にもかかわらず、たとえば2017年の通常国会で衆議院議員から提出された「質問主意書」438件のうち与党議員から提出されたものはゼロ件であった[*1]。このことは与党議員がしっかりと仕事をしていなかったことを意味するものではない。そうではなく、内閣と協働関係にある与党の議員には、そもそも内閣に対して質問をする必要性がさほどないということである。与・党の議員は、内閣と協働して政策形成をできる立場にあり、内閣が国会に提出する法案も含む議案（憲法72条）について、国会提出に先立ってなされる与党内での審査に参画できる立場にあるからだ。内閣が国会に提出する議案のほとんどは事前に与党内の審査を経ているのである。それゆえに、与党議員が国会の場で議案について質疑をする必要性は低いのである。なお国会議員は、与野党を問わずに、議案の提出権を有している（国会法56条）。法案等を作成し、それを国会に提出し、その提案者として趣旨説明等をする機会は、その気になればいくらでもある。

---

*1　2017年11月16日毎日新聞東京夕刊「特集ワイド　野党の質問時間削減　大政翼賛会への道、歩むのか」。

以上のことを考えると、最近の与党による質疑時間の再配分の主張は、議会制民主主義や議院内閣制の趣旨の無理解に基づくものと評価せざるをえない。それどころか、憲法53条要求に基づく臨時国会の召集の拒否や共謀罪法案の委員会採決をスルーした強行採決（Ⅱ-3参照）などもあわせて考えると、野党議員による質疑時間を減らし、野党による内閣の施策への説明要求や批判を封じ込めようとする意図さえ見え隠れする。

## 大義のないルール変更

　与党2対野党8という衆議院予算委員会の与野党の質疑時間の配分は、民主党政権の成立以後（2009年～）慣行となっていた。自民党を中心とした第2次安倍内閣成立以後（2012年～）も変更はなかった[*2]。

　にもかかわらず第48回衆議院議員選挙後の2017年11月15日の衆議院文教科学委員会での与野党の質疑時間の変更を自民党が突然に提案し、その後、同様の提案が他の委員会でもなされて、野党が一定の譲歩を余儀なくされているのが現状である。

　ことの発端は、10月27日に、3回目の当選を果たした石崎徹衆議院議員ら自民党の若手議員らが、同党の森山裕国会対策委員長を訪れて質疑時間の見直しを求めたことのようである。そうした要望があったことをきっかけに議会における審議のあり方等についての慎重な検討もないままに、与野党の質疑時間の配分という議会制のあり方にかかわるルールが、数の力で一方的に変更されてしまうというのが現在の国会運営のありようである。

　そもそも、いかなる会議であれ、会議のルールが突然一方的に変更されるときには、その背後にルール変更の提案者の邪な意図が隠れている場合が多いというのが、世の常であろう。もとより、従前のルールが何

---

[*2] NHK NEWS WEB「WEB特集　1杯のコーヒー忘れずに～質問時間 与野党攻防<https://www3.nhk.or.jp/news/web_tokushu/2017_1115.html>（最終閲覧2018年3月1日）。

らかの不都合をきたしたためにルールの変更が必要になることもあろう。しかし、そうであれば、従前のルールがどのような不都合に直面しているのか、そのルールを変えた場合に会議の構成メンバーの誰かが有利になったり不利になったりしないかどうか等について丁寧に意見交換をしたうえで、必要性が認められればルールを変更するというのが会議のルールを変更する際の当然の手順であろう。

　今回の与野党の質疑時間の配分の変更問題は、与党の「数の横暴」が、議会における与野党の役割の相違を考慮していないというにとどまらず、およそ会議のルールを変更する手順においても乱暴というほかはない。

（石埼学）

# III

私たちにできることは何だろう

## III-1 自由選挙

# 主権者が自由に声をあげること

選挙運動　80年変わらぬ規制　国連苦言、ネットもダメ

　候補者や政党以外の演説会の禁止や、投票を依頼する戸別訪問の禁止─。禁止だらけの公選法は「べからず選挙」とも言われる。

　選挙運動に規制が加わったのは一九二五（大正十四）年。それまでの制限選挙から、男子の普通選挙が認められ、有権者の数が約四倍に広がる代わりに、戸別訪問や文書などに厳しい制限を設けた。戦後の新憲法下でも規制は残った。上脇博之神戸学院大大学院教授は「自由化すると、組織力のある革新政党に有利に働くという保守政権の危機感があった」と指摘する。

　八十年以上も変わらない規制に真っ向から異を唱えたのは国連。二〇〇八年十月、自由権規約委員会は日本政府に、表現の自由と参政権の観点から、戸別訪問禁止や文書制限の廃止を勧告した。

　これには、一つの伏線がある。〇三年、大分県豊後高田市の大石忠昭さん（70）が市議選告示前に地元十八戸に配った「後援会ニュース」に選挙支援の要請と受け取れる「支持を広げてください」との表記があったことから、公選法が禁じる戸別訪問と法定外文書の配布に当たるとして逮捕された。

　この事件の弁護側証人として国連規約委元委員のエリザベス・エバットさん（78）が〇五年に大分地裁の法廷に立ち「戸別訪問の全面禁止は国際人権規約に適合しない」と証言。しかし、司法は「国連の公式意見ではない」と退け、〇八年一月に罰金刑の有罪判決が確定していた。

　大石さんは市政報告のビラを毎週配り、今はブログも使いこなす。「議員は自分が何をやってきたのか、何をやるのかを知らせる義務がある。演説も文書もネットもそれぞれ必要。法律で制限するのは、国民の目と耳をふさぐことと同じだ」

　大石さんは事件となった選挙を含め三回トップ当選し、現在、市議十二期目。公選法は、世界の潮流からも地域の民意からも取り残されている。

（2012年11月7日東京新聞朝刊）

## ■考えるポイント

選挙の際の規制には正当性があるか。
選挙の際の規制は議会制民主主義に対して何をもたらすか。

# 「正当な選挙」とはどういう選挙のことか

　選挙区、投票の方法その他両議院の議員の選挙に関する事項は、憲法から法律に委任されている（憲法47条）。つまりそれを決めるのは、国会の役割だ。

　これは、法律で選挙運動をどう規制してもよいという「白紙委任」を意味するだろうか。いやそうではない。憲法前文冒頭で、国民は「正当に選挙された国会における代表者を通じて行動」すると書かれている。つまり選挙の方法は、憲法からみて正当でなければならないのだ。

　日本国憲法上、選挙は次の条件を満たすべきだといわれる。

　① 普通選挙

　性別や財産の有無などによらず、一定年齢に達した者は誰でも選挙権を行使できる（憲法15条3項）。

　② 平等選挙

　みな同数の投票をする（1人1票の原則）。また各投票の価値は平等である（投票価値の平等。憲法14条1項、44条）。

　③ 秘密選挙

　投票内容は第三者に明らかにされない。それによって干渉から免れ、自由に投票できる（憲法15条4項前段）。

　④ 自由選挙

　これには2つの意味がある。第一に棄権する自由だ。たとえ棄権しても、罰金や公民権停止などの不利益を受けない（狭い意味での自由選挙）。第二に、立候補・投票行動（ここに棄権が含まれる）・選挙運動などの自由が包括的に保障される（広い意味での自由選挙。憲法15条4項後段、19条、21条1項）。

　⑤ 直接選挙

　第三者を介せず、直接に投票できる。

　こういった条件を満たさないと、その選挙は正当とはいえないのだ。

　以下では④の自由選挙に着目したい。選挙運動や政治運動は、公職選挙法（公選法）でこと細かに規制されている。冒頭の新聞記事でも取り上

げられた戸別訪問およびビラ頒布（広く配ること）はどうだろう。

## 戸別訪問の一律禁止はどうか

　まず最初に取り上げるのは戸別訪問だ。
　公選法は「何人も、選挙に関し、投票を得若しくは得しめ又は得しめない目的をもつて戸別訪問をすることができない」と戸別訪問を一律に禁止する（138条1項）。また違反者は、1年以下の禁固または30万円以下の罰金が課せられる（239条1項3号）。
　しかし誰かの家を訪ね「こういう理由で、A候補に投票してほしい（投票しないでほしい）」と語るのは、当たり前の行為ではないか。にもかかわらず戸別訪問は禁止され、私たちは訪問（する／される）を通して候補者に関する情報を伝える／得る、さらには話し合うという、貴重な機会を奪われている。
　禁止を合憲とした最高裁判所判決（1982年7月21日）は、以下のことを規制理由に挙げている。
　①　買収等の温床になりやすいこと
　②　生活の平穏を害すること
　③　多額の出費を余儀なくされること
　④　投票が情実に支配されやすくなること
　一律規制の底には、「候補者はお金を配り、選挙人はお金を受け取るものだ」、「早朝や夜間にも押しかけてくるものだ」（みんなから嫌がられる運動をする愚かな候補者がいると思えないが）、「選挙人は個人的感情で投票先を選ぶものだ」といった決めつけがあるようだ。まるで「国民のみなさんはまともな判断ができないでしょう。だから国がしっかり見張ってあげて、まとめて面倒をみてあげます」と言っているようだ。こういうことを、国家のパターナリズム（お節介）という。しかし個別訪問は、アメリカなどでは普通の選挙運動の方法で、それを一律禁止する例は外国では稀だ。ということは、日本の主権者はとくに質が低いのだろうか。そんなことはないだろう。

個別訪問一律禁止の導入は、冒頭の記事にあったように、1925年に遡る。その頃は、まだ人々が選挙に慣れていなかったかもしれない。しかし現在は、学校で主権者教育が実施されている。いつまでも主権者をばかにしつづけてはいけない。

　また「自由の制限は必要最小限でなければならない」という原則に照らしても、「一律」禁止はやり過ぎだ。一律禁止は、まじめな候補も不まじめな候補も同じように扱っている。だが不まじめな候補者だけを厳しく処罰すれば、不正も防止できるし、伝達される情報も増える。まさに一石二鳥だろう。

## ビラの頒布規制はどうか

　次にビラの頒布規制をみよう。選挙ごとに詳細は違うが、煩雑になるのを避けるため、衆議院小選挙区選挙におけるビラの問題にしぼろう。

　公選法は次のように規定する（142条以下）。

① 選挙運動は候補者の届出から投票前日までの期間（最長12日間）に限られる。
② 候補者は、2種類・7万枚のビラ（法定ビラ）を頒布できる。
③ ビラは新聞に折込むか、選挙事務所内、演説会の会場内、街頭演説会の場所でなければ頒布できない。
④ ビラは長さ29.7cm×幅21cm（A4版）以内でなければならない。
⑤ ①〜④に違反すると、2年以下の禁固または50万円以下の罰金に処せられる。当選人が違反すると、当選は無効になる。
⑥ 一般市民は、選挙運動のためのビラを頒布できない。政治活動を行う団体も、総選挙の公示から選挙の当日までの間、ビラの頒布をできない。

　煩雑さを避けると言ったけれど、複雑で読む気が失せたかもしれない。じつはそこが問題だ。また、これほど厳しい規制の必要があるのか疑問をもつかもしれない。それも問題だ。

　まず前者、何がなんだかわからない点について。

私たちは主権者である。それなのに、選挙のとき何をしたらだめなのか／何をしてよいのか理解できない。その結果、「自分の意見を政治にぶつけたいけれど、何をしたら罰せられるかわからない。危ないから政治には近寄らないでおこう」となるのが、自然な反応だろう。
　たしかにこの数年、集会やデモに参加する若者の姿が目立つ。けれども全体として、若者の政治離れは否めない。ひとつには選挙で何をしたらだめか／よいのかを知らせない法律に問題がある。
　次に後者、厳しい規制について。
　最高裁判所は「文書図画の無制限の頒布、掲示を認めるときは、選挙運動に不当の競争を招き、これが為、却って選挙の自由公正を害し、その公明を保持し難い結果を来たすおそれがある」といって、規制を合憲としている(1955年3月30日最高裁判決)。
　しかし候補者に熱意があれば、ビラの種類は増えるはずだ。有権者に熱意があれば、たくさんの情報を知りたいはずだ。種類・枚数の制限は、候補者に「いいたいことを言わず選挙運動をしろ」と、有権者に「知りたいことを知らないまま投票所へ行け」と命じている。「A4以内」とか「ポストへ投函は禁止」も同様である。
　世の中に多様な見解が存在するなら、それを言わせ、見比べて判断する機会を保障するべきだろう。それが選挙で「自由」を保障することの意義なのだ。

## 棄権する自由はあるか

　最後に棄権について考えてみよう。
　投票率の低さは多くの国に共通するが、とくに日本ではそれが著しい。衆議院の選挙区選挙では、最近の選挙から順に、53.68％、52.66％、59.32％、69.28％、67.51％だ。衆議院で小選挙区制が導入された1994年以降、投票率が70％を超えたことは一度もない。
　国民の義務になぜ投票の義務が含まれないのかと、学生から問われることがある。なるほど、憲法には国民の義務が3つあるから(子どもに普

通教育を受けさせる義務、勤労の義務、納税の義務)、そこに投票の義務を加えてもいいかもしれない。実際、シンガポール、ベルギー、オーストラリアなどでは投票の義務があり、国によっては棄権した者に罰金・公民権の停止・拘禁刑などの制裁が科される。

　それに投票を義務化することで、人々の眠っていた政治的関心が刺激される可能性や、さらには議会制民主主義が活性化する可能性はある。

　しかし投票を義務化することには、重大な問題もある。

　第一に人権との関係だ。投票したくない人に無理に投票させると、本人の心の中にあって言いたくないことや、本人の思いと違うことを強制的に言わせることになる。これは、沈黙の自由を保障した憲法19条に反する。

　第二に棄権もひとつの意思表明になる場合がある。「適当な候補者がいない(から棄権する)」は、「相対的にいい候補者を選んだ」より、常に劣っているとはいえない。むかしから「絹物を着たいだろうが、なければ木綿で我慢すべきだ。しかし裸は不都合だ」という棄権批判がある。だが、自分はなぜ裸なのかを世に訴える効果もそこにはあるだろう。それを否定していいのか。

　こうしてみると、投票を義務化することよりも、人々が棄権する原因をみつけてそこを改善するほうが、議会制民主主義の活性化にとってはるかに生産的だろう。第47回総選挙全国意識調査(2015年)によると、棄権の理由として多いのは「選挙にあまり関心がなかった」(23.4％)、「仕事があった」(18.3％)、「適当な候補者も政党もなかった」(17.5％)、「選挙によって政治はよくならないと思った」(15.3％)だった(複数回答)。この回答にどう対処したらよいのか。

　いずれにせよ、選挙制度全般において、現行の憲法の下で改善できること・改善すべきことが多々あるといえよう。

(永山茂樹)

## III-2　言論・集会の自由

# 民主主義の基礎体力

> 反対デモ「絶叫、テロと変わらぬ」　自民・石破氏、ブログで批判
> 秘密保護法案
> 　自民党の石破茂幹事長は11月29日付の自身のブログで、特定秘密保護法案に反対する市民のデモについて「単なる絶叫戦術はテロ行為とその本質においてあまり変わらないように思われます」と批判した。表現の自由に基づく街頭での市民の主張をテロと同一視したことは問題になりそうだ。
> 　石破氏はブログで「議員会館の外では『特定機密保護法絶対阻止！』を叫ぶ大音量が鳴り響いています」と紹介。「人々の静穏を妨げるような行為は決して世論の共感を呼ぶことはない」とも批判。石破氏は30日、朝日新聞に「デモを介して意見を言うのはかまわないが、大音量という有形の圧力で一般の市民に畏怖（いふ）の念を抱かせるという意味で、本質的にテロ行為と同じだと申し上げた」と話した。
>
> （2013年12月1日朝日新聞東京朝刊）

### ■ 考えるポイント

街頭でのデモや集会は、議会制民主主義とどう関わるのか。

## 民主主義を担う基礎体力

　この社会の中には、親しい人の間で政治的話題で議論をかわすことをなんとなく避ける「空気」が漂っている。政治的メッセージがこめられた音楽を、ただそれだけの理由で嫌うというのも、これに類することだ。最近では、サザンオールスターズの「ピースとハイライト」[*1]という曲を

---

[*1]　2014年大みそかのNHK紅白歌合戦で、サザンオールスターズが歌った曲。歌詞の内容が安倍内閣を批判していると受け止めた人たちが、サザンの関係先やNHKに抗議活動を行った。

めぐって、それが政治的ではないかという論争があった。また公民館が、憲法9条について詠んだ俳句を公民館だよりに掲載するのを拒否した事件（2018年5月18日東京高裁判決）をここで挙げてもよいだろう。芸術も科学も、すべての営みが何らかの意味で政治的なものとなりうるはずなのに、である。

　私たちは、社会と政治の間に不自然な垣根をつくってしまっている——あるいはそういう垣根をつくり、政治的色彩のあるものが社会の中に侵入してくることを防いだつもりでいる。そういう垣根を求める心象が一定の市民権を得ているのは、社会の中で、民主主義を支える文化が共有されておらず、多くの人が、社会生活の中に政治的色彩を出すことに自信をもてず、それを極端に恐れているからかもしれない。とすれば、この垣根を取り除いていくには、私たち自身がオープンな政治的対話の主体になる力を身につけなければならないだろう。

　もっとも、公的なスピーチや対論をためらわずにできるようになるには、日頃から討論のリテラシー（公共的対話の作法）を身につけて、市民として信頼されなくてはならない。たとえば、政治的な議論に必要な知識を積極的に吸収するとか、政治的に同じ見解をもつ人と連帯する訓練を積むとか、政治的に異なる見解をもつ人との間で（怒鳴り合ったり、単純に「敵」とみるのではなく）落ち着いた議論をする心を保つとか、だ。こういうことを、本章では《民主主義の担い手としての基礎体力》と名づける。

　これを高めていくのは、学校教育、社会教育、家庭教育にとっての重要な課題である。しかしサザンオールスターズや公民館の事件は、結果的に、人々から、政治的な問題に関する討論のリテラシーを身につけるきっかけを奪ってしまう。それは《民主主義の担い手としての基礎体力》を弱めることになる。

## 国会を取り巻く民主主義

　人々が、国会議員＝国民代表を選ぶ（選挙）・国民代表として選ばれる

（被選挙）ことにより、人々の意思が国会の中で表明されたり、実現したりする。この流れ全体を、国会における民主主義と呼ぼう。また、人々が国民代表に対して「生の声」（true voice）を届けようとすることも、民主主義の大事な過程だ。こちらは、国会を取り巻く民主主義と呼ぼう。

　「イギリス国民が自由を享受するのは、選挙に際して議員を選出するときだけであり、選挙が終われば彼らは奴隷と変わるところがない」。フランスの思想家・ジャン＝ジャック・ルソーは、18世紀のイギリス議会政治について、こう批判した（『社会契約論』）。ルソーにとって、当時のイギリスには国会における民主主義は存在したが、国会を取り巻く民主主義は存在しなかった、と言い換えることができる。

　選挙制度の歪や選挙運動の不自由はあるにしても、普通選挙[*2]は憲法によって保障されている（憲法15条3項）。にもかかわらず、この本の随所で指摘してきたことだが、現代日本で議会制民主主義がうまく機能しているとは必ずしもいえない。国会を取り巻く民主主義はたしかにあるのだけれど、それが国会における民主主義につながっていない。ということは、ルソー流にいえば、私たちは「選挙のあとの奴隷」に近いのかもしれない。私たちに、《民主主義の担い手としての基礎体力》が不足しているからなのだろうか。それとも、国会を取り巻く民主主義と国会における民主主義をつなぐはずのしくみ（たとえば政党やマス・メディアなどの中間団体）に問題があるからなのだろうか。

　次に、国会を取り巻く民主主義の現在と課題について考えてみたい。

## 表現に対する規制は 民主主義に対する規制でもある

　どこでもいつでも誰でも、自由に、自分の考えを表明することができる。国会を取り巻く民主主義は、そこから始まる。そのための手段とし

---

[*2]　性別や財産の有無などを理由に選挙権・被選挙権を差別しない選挙のこと。日本では男子普通選挙は1925年、女性を含めた普通選挙は1945年に法制化された。

て、個人には表現（もちろんSNSもふくまれる）、また集団には集会・デモ・結社などがある。そのどれもが憲法で保障されている（憲法21条1項）。

　たしかに自由や権利の行使には、「他者の自由や権利を害してはならない」という、当たり前の限界がある。憲法学はこれを「人権の内在的制約」と呼んできた。だから、個人を特定し名誉を害する発言は（仮にネット上のものであっても）処罰される（刑法230条）。在日外国人に対する憎悪心をまき散らすヘイトスピーチは禁じられる（ヘイトスピーチ解消法）。

　しかし、単に「うるさくて仕事の邪魔になる」といった理由から、あるいは国家が「公の秩序のため」「公益」といった曖昧な概念をもちだして表現を規制することは、人権に対する不当な制限（憲法違反）である。

　とくにデモや集会の自由は、国会を取り巻く民主主義にとって不可欠の自由だ。だから、他の通行人や公園利用者の利益との間で調整を受けることがあるとしても、それ以上に、デモや集会の自由を奪ったり、あらかじめ役所の許可を得るよう義務づけるようなことは許されないだろう。

　2011年以後、反原発・反秘密保護法・反安保法・反共謀罪法・反改憲などをテーマに、国会や首相官邸周辺で、さらに全国各地で、毎週のように大きな集会が開かれている。国会を取り巻く民主主義は、これまでに比べて明らかに高揚している。

　ところが、国会周辺で開かれる集会に対しては、最寄りの地下鉄駅の出口を閉鎖したり、国会周辺で警察が規制線を設けるといったことが多い。そのために集会に訪れた人々が参加をあきらめて帰宅したり、また参加者の移動が制限されてかえって混乱を招いたりしている。

## 民主主義に対する攻撃に屈しない基礎体力

　集会やデモを規制する法令には、現在、①道路交通法、②自治体の制定する公安条例、③国会議事堂等周辺地域及び外国公館等周辺地域の静穏の保持に関する法律などがある。

　①②は、本来、道路や広場の安全を図るための規制であるべきだ。また③は、国会や大使館の周辺で大音量の拡声器を使うことを制限し、国

沖縄県・辺野古で座り込みをする人を1人ずつ排除（ごぼう抜き）する機動隊
（2018年4月27日、清末愛砂撮影）

会の審議権の確保や良好な国際関係の維持を目的にする規制だ。

　ただいずれの法令の場合でも、それを使っての行き過ぎた規制は、集会やデモを抑圧する。そういう運用上の危険性が払拭されていないから、これらの法令には憲法違反の疑いが指摘される。また仮にこれら法令が合憲だとしても、取り返しがつかない害悪が現実に生じたときに限って、処罰規定は用いられるべきだろう。

　さらに今年3月に成立した東京都迷惑防止条例改正は、禁止されるつきまとい行為の類型として、従来からの「つきまとい、待ち伏せし、進路に立ちふさがり、住居等の付近において見張りをし、住居等に押し掛け」に、「住居等の付近をみだりにうろつくこと」を加えた。「みだりにうろつく」とはどういうことか、明確ではない。これが濫用されて、集会やデモの規制につながるのではないかと危惧する専門家もいる。

　冒頭の石破「テロ」発言のほかにも、「国民から負託を受けているわれわれの仕事環境も確保しなければならない」、「仕事にならない状況がある。仕事ができる環境を確保しなければいけない」（高市早苗・自民党政調会長〔当時〕）、（演説にヤジを飛ばされて）「こんな人たちに負けるわけにはいかない」（安倍首相）など、true voiceを無視・敵視した発言が政府・与党から相次いでいる。私たちは、憲法と民主主義を守るためにも、そういった言説に屈しない基礎体力を身につける必要がある。

　ここまでは集会やデモに対する、法令に基づく規制および言葉による

暴力的規制について述べてきた。この章をとじるにあたって、最後に、法令に基づかないナマの暴力のことに触れる必要があるようだ。

憲法は、刑事手続の一環として国民の自由や権利を制限するときに、「法の定める手続によ」るべきことを定める。だから、法の定めによらない刑事手続は憲法違反である（憲法31条）。しかし、たとえば沖縄・辺野古基地の建設に反対する市民に対し、機動隊は、法律に根拠がないナマの暴力を加えている。また公務執行妨害などで逮捕した市民を、正当な理由もなしに長期拘留するといった、刑事司法の原則から逸脱した事件も起きている[*3]。

こういった攻撃が憲法に違反したものであることを見破り、憲法に基づいて論理的に抗議することも、民主主義の基礎体力の問題だろう。

（永山茂樹）

---

[*3] たとえば「逆らえばねじ伏せる／沖縄・反基地運動リーダーの勾留続く」（アエラ 2016年12月19日）を参照。那覇地裁は、障害や威力妨害の罪で有罪判決を言い渡した（2018年3月14日）。

## III-3 メディアと政治報道

# マスコミの役割

> 首相動静　2017年7月13日
> 　［…午後］6時49分、東京・紀尾井町のホテル「ザ・プリンスギャラリー東京紀尾井町」。レストラン「WASHOKU 蒼天」で曽我豪・朝日新聞編集委員、山田孝男・毎日新聞特別編集委員、小田尚・読売新聞グループ本社論説主幹、石川一郎・BSジャパン社長、島田敏男・NHK解説副委員長、粕谷賢之・日本テレビ報道解説委員長、田崎史郎・時事通信特別解説委員と食事。10時10分、東京・富ケ谷の自宅。
>
> 首相動静　2017年10月23日
> 　［…午後］6時49分、東京・大手町の読売新聞東京本社。渡辺恒雄読売新聞グループ本社主筆、橋本五郎読売新聞東京本社特別編集委員、福山正喜共同通信社社長らと会食。9時10分、東京・富ヶ谷の自宅。
>
> 首相動静　2017年12月26日
> 　［…午後］7時3分、東京・京橋の日本料理店「京都つゆしゃぶ CHIRIRI」。小田尚・読売新聞グループ本社論説主幹、粕谷賢之・日本テレビ報道解説委員長、島田敏男・NHK解説副委員長、曽我豪・朝日新聞編集委員、田崎史郎・時事通信特別解説委員、石川一郎・BSジャパン社長と食事。9時55分、東京・富ケ谷の自宅。
>
> 　　　　　　　　　　　　　　　　　　　　　　　　　　（朝日新聞）

### ■考えるポイント

報道関係者は取材対象たる政治家と距離を置くべきか。
フェイクニュースを規制しつつ、報道の自由を守るにはどうすればよいか。

## 権力とメディアの距離

　いくつかの新聞・通信社は、「首相動静」と題して首相のその日1日

の行動を毎日報じている。そのなかで最近注目を集めているのが、首相とメディア関係者との会食に関する情報である。上に挙げたのはその一例である。日本を代表する新聞社・通信社・テレビ局の人物がしばしば首相と会食していることがうかがえる。

　さて、これをもって「権力に批判的であるべきメディア関係者が最高権力者たる首相と頻繁に食事をするなんてとんでもない」、あるいは「政治家とこれだけ頻繁に会食を重ねると、その舌鋒も鈍るのではないか」と懸念する声がしばしば聞かれる。

　しかし、相手が権力者であるなしにかかわらず、メディア関係者が取材対象者と食事を共にすることはよくある。それを通じて取材対象者との間に信頼関係を築き、より多くの情報を引き出すことにつながりうるからである。また、実際のところも、取材対象者たる政治家（権力者）と個人的に親しくなっても批判的姿勢を維持して取材し、記事を執筆するジャーナリストのほうが多いとは思う。ただ、その一方で上記のような疑念が抱かれることも、また理解できる。

## 懸念される日本の報道の自由

　それとは逆に、政権に批判的とされたテレビ報道番組のキャスターやコメンテーターが、2016年3月の番組改編期に一斉に番組を降板するということがあった。いくつかの海外メディアは、「日本の報道の自由の危機か」と報じたが、当の日本のメディアの反応は全体的に鈍いという印象は否めなかった。そればかりか、そのような海外の報道姿勢を「大げさだ」、「そんな戦前の言論弾圧のようなことが今の日本で起きるなんてありえない」と揶揄する声さえあった。

　だが、2012年12月の総選挙における自民・公明両党の大勝と第2次安倍政権の発足以来、国際NGO「国境なき記者団」が発表する報道の自由度ランキングにおいて、日本の順位は低下の一途をたどっている。2010年の民主党・鳩山由紀夫政権時には11位だったその順位は、年々落ちてゆき、2016年には72位にまで落ち込んだのである。翌2017年

も同じく72位、2018年には若干上昇したものの67位である。これは先進主要7カ国中最下位である（ドイツ15位、カナダ18位、フランス33位、イギリス40位、アメリカ45位、イタリア46位）ばかりか、同じ東アジアに位置し本格的な民主化は1980年代以降だった台湾（42位）と韓国（43位）の後塵を拝するという体たらくである。そして、その原因としてしばしば指摘されるのが、2013年の特定秘密保護法の成立と、安倍政権成立後のマスメディアの萎縮なのである。

　もし、現在の日本において報道の自由が危機にあるとしたら、それはまさしく民主主義の危機でもある。なぜならば、それは、私たち国民がとりわけ政治の領域において判断を下す際の前提条件たる正確な情報が国民に伝わっていない可能性があるということだからである。

　民主国家における報道の自由の重要性を示すものとして、アメリカ独立宣言案を起草し、のちに合衆国第3代大統領の座に就いたトマス・ジェファソンの「新聞のない政府か、政府のない新聞かを選ぶとすると、私は後者だ」という言葉がしばしば引用される。また、アメリカ合衆国憲法の権利章典の冒頭を飾る修正第1条は、言論・出版の自由を保障している。このように、民主主義国家としては最古の部類に属するアメリカでは、その建国当初から言論出版の自由に含まれる報道の自由の重要性が認識されていたことは象徴的である。

　日本においてもよりよい議会制民主主義のあり方を考えるうえでマスメディアの問題を避けることができない所以である。

## 報道の自由と取材の自由
### ——日本国憲法と自民党改憲草案を手がかりに

　さて、表現の自由は、近代市民革命を経て成立した近代立憲主義[*1]に基づく憲法において保障される諸権利のなかでも、とりわけ重要である

---

[*1] 憲法によって、多数決をもっても侵すことができない人権を保障することと、そのために公権力を分割し相互に抑制機能をもたせるという考え方。

と考えられてきた権利である。なぜならば、表現の自由の保障は、歴史的に政府に対する批判の自由の保障という形で発展してきたからである。

実際、日本でも、たとえば明治期前半に展開された自由民権運動を支えた演説や出版活動に対して政府は、出版条例（1869年）をはじめとするさまざまな言論規制によってその弾圧を図った。また、1889年に発布された大日本帝国憲法は「言論著作印行集会及結社ノ自由」（29条）を保障するも、「法律ノ範囲内ニ於テ」との留保をつけていた（法律の留保）。つまり、表現の自由は憲法で保障されるとしつつも、時の権力者（政府あるいは議会多数派）が法律によって容易に制限することができたのである。実際、その後も出版法（1893年）、治安維持法（1925年）をはじめとする数多くの言論規制法が次々とつくられていった。このように、さながら戦前の日本は一個の壮大な言論規制法制に覆われていたといっても過言ではない。

その反省に立った日本国憲法は「集会、結社及び言論、出版その他一切の表現の自由は、これを保障する」（21条1項）とし、法律の留保なしに表現の自由を保障する。加えて、とくに表現の自由に対する強力な制約手段たる検閲について、「検閲は、これをしてはならない」（同条2項）と明確に禁じている。そして、この表現の自由には「報道の自由」も含まれるというのが多くの学説が認めるところである。

同様に最高裁も、「報道機関の報道は、民主主義社会において、国民が国政に関与するにつき、重要な判断の資料を提供し、国民の『知る権利』に奉仕する」ものであることを認め、報道の自由が憲法21条の「保障のもとにあることはいうまでもない」と確言している（1969年11月26日最高裁決定。博多駅テレビフィルム提出命令事件）。

さらに、この報道の自由には「取材の自由」（および取材源秘匿の自由）も含まれるというのが有力説であり、最高裁も「報道のための取材の自由も、憲法21条の精神に照らし、十分尊重に値する」と述べている。「保障」ではなく「尊重」というところが引っかかるが、「自由な報道」の欠くべからざる要素として「自由な取材」を位置づけていることは確かであろう。

この点について心配されるのが、2013年12月に成立し、翌2014年12月から施行された特定秘密保護法（特定秘密の保護に関する法律）である。本法律によれば、「公になっていないもののうち、その漏えいが我が国の安全保障に著しい支障を与えるおそれがあるため、特に秘匿することが必要であるもの」（3条1項）という曖昧な定義に基づき、その情報を所轄する行政機関の長によって「特定秘密」に指定されると、その漏洩と取得行為は最高懲役10年および罰金1000万円に処せられうる（23条）。この刑罰は、既存の公務員の守秘義務違反に対する処罰規定（最高1年の懲役または最高50万円の罰金）等よりもはるかに重い（例：国家公務員法100条、地方公務員法34条）。また、この特定秘密に指定しうる範囲は曖昧であり、かつその指定期間も場合によっては半永久的に延長可能な規定ぶりとなっている（特定秘密保護法4条）。それゆえ、本法律は取材活動に対する大きな制約となるばかりか、その萎縮さえ招き、実質的に報道・取材の自由は大きく損なわれるのではないかとの懸念が存するのである。

　あわせて注目すべきは、報道の自由について自民党がどのように考えているのかをよく示している、2012年に同党が発表した「日本国憲法改正草案」である。それは、表現の自由を保障する21条1項と検閲の禁止および通信の秘密を保障する同2項の間に、新たな2項を挿入している。曰く「前項の規定にかかわらず、公益及び公の秩序を害することを目的とした活動を行い、並びにそれを目的として結社をすることは、認められない」。「公益及び公の秩序」という、現行憲法が想定していない権利制約事由を明文で規定する意図を、看過してはならないだろう。つまり、この「公益及び公の秩序」なる概念が、時の権力者（政権）にとっての利益と秩序を意味するものではないという保証はないのである。

　その反面、同草案は、21条の後に「国は、国政上の行為につき国民に説明する責務を負う」という21条の2をも新設する。これをもって国民の知る権利を強化するとアピールしたいのだろうが、特定秘密保護法制定以来の同党の姿勢、とりわけ2017年以降のいわゆる「森友・加計」問題の真相究明に対する同党の姿勢をみれば、これは単なるポーズにすぎないという可能性は高い。実際、このような「責務」が憲法に入った

ところで、法的拘束力のある「義務」としての説明責任を政府に課すものにはならないということは、強調しておくべきであろう。

## 放送の自由——現状と今後の課題

　ところで、テレビ等の放送メディアによる報道の自由を、とくに「放送の自由」と呼ぶ。放送メディアは、新聞・雑誌などの印刷メディアとは異なり、電波の有限性と希少性等ゆえに電波法・放送法などの規制に服するとされる。

　とくに本書のテーマに関連して問題になるのは、「放送事業者は、国内放送及び内外放送……の放送番組の編集に当たつては、次の各号の定めるところによらなければなら」ず、「政治的に公平であること」（2号）、「報道は事実をまげないですること」（3号）、「意見が対立している問題については、できるだけ多くの角度から論点を明らかにすること」（4号）を要求する放送法4条である。

　この規定の問題性があらわとなるのは、政府与党の政策・方針等を伝える番組についてである。つまり、政府の方針を報じる際は、「それに対する批判だけではなく、政府の方針も同様に報道しなければならない」、あるいは「与野党間で意見が対立していることがらについては、双方を同じだけ報道しなければならない」という主張が時折なされるのである。実際、2014年12月の衆院選直前、安倍首相は、出演したTBSテレビの番組にて、政権に批判的な市民の声が続いた街頭インタビュー映像に「（一般の）声が反映されていない」と反発したことがある。同様に、2015年4月には自民党が、官邸批判を内容とする番組を放送したテレビ朝日の関係者らを党会合に呼び出し、放送法4条を根拠に圧力を加えたとされる出来事もあった。

　だが、本条の趣旨は、政府の見解とそれに対する批判を均等に報じなければならないというものではなく、そもそも政治権力が自由な放送にみだりに介入してはならないというものである。それゆえ、こういった口実のもとに政府が放送内容に介入することには注意が必要である。加

えて、日本の放送行政の特殊性として、放送局に対する監督を政府機関である総務省が直接行っていることが挙げられる。監督機関の必要性は認めるにしても、より独立性の高い機関等による監督も検討されてしかるべきであろう。

　このように、その運用をめぐって諸々の問題を生じうる放送法4条は、しかし必要な規定ではある。なぜならば、仮にこの4条が廃止された場合、放送の多様化どころか、劣化した放送が増加する懸念があるからである。

　その意味で、2018年3月に明らかとなった、安倍政権が検討しているという放送法4条撤廃を含む放送制度改革の方針案は、放送事業の「規制を緩和し自由な放送を可能にする」という、もっともらしい理由を掲げているが、大いなる注意が必要である。実際、この方針に対しては、当の安倍政権において総務相の地位にある野田聖子氏が表明した「公序良俗を害する番組や事実に基づかない報道が増加する可能性がある」という見解をはじめ、自民党内にも懐疑的な声が少なくない。

　また、日本の放送法4条に相当する規制がないアメリカでは、マイノリティに対するヘイトを煽るような番組が増え、社会に深刻な影響を及ぼしているといわれている。放送法4条を廃止した場合、日本でもフェイクニュースを垂れ流すようなテレビ局が増えるかもしれないという懸念を軽視してはならないだろう。

　最後に、マスメディアに対しては、国民がその報道内容や姿勢を厳しく問う姿勢は重要である。しかし、その際に国家権力に安易に頼ることは禁物である。なぜならば、メディアが人権侵害に加担し、フェイクニュースを流す可能性には警戒しつつも、メディアの報道の自由とその国家権力からの独立性を守ることは、つまるところこの国の民主主義を守ることに帰着するからである。

（石川裕一郎）

## III-4 選挙制度

# 「一票の較差」を正すには

> 合区解消へ憲法47条改正　自民案、各都道府県1人以上
> 　自民党は16日、党憲法改正推進本部（本部長・細田博之元幹事長）の全体会合を国会内で開き、参院選の「合区」解消に向け憲法47条を改正し、各都道府県から1人以上の議員が選出される規定を設ける方向で一致した。全体会合開催は先の衆院選後、初めて。
> 　隣接選挙区を統合する合区は「一票の格差（ママ）」是正のため、昨年7月の参院選で「鳥取・島根」「徳島・高知」で導入された。
> 　会合では、「選挙に関する事項は法律で定める」と規定している現行47条に、「改選ごとに広域的な地方公共団体（都道府県）の区域から少なくとも1人が選出される」との趣旨の条文を加える推進本部案が示された。出席者からは「合区では地方の声が国政に届きにくい」「県民性が異なる他県同士の合区は合理性を欠く」など、推進本部案を支持する意見が相次いだ。
> 　47条改正に関連し、地方公共団体の組織・運営を法律で定めるとしている92条改正の方向も大筋で了承した。
> 　自民党は来年の通常国会の党改憲案提示に向け、合区に関しては推進本部案を踏まえ、条文案作成に着手する考えだ。党内には平成31年夏の参院選までに憲法を改正し、合区を解消すべきとの意見が根強い。……
> 　　　　　　　　　　　　　　　　　（2017年11月17日産経新聞東京朝刊）

### ■考えるポイント

「合区」は「地方軽視」なのか。
そもそも参議院は何のためにあるのか。

## 自民党の憲法改正条文案にみる選挙区

　自民党は、2018年2月16日、47条および92条を次のように改正する憲法改正条文案を発表した（下線部は現行条文から付加された部分）。

　<u>47条1項</u>　両議院の議員の選挙について、<u>選挙区を設けるときは、</u>

人口を基本とし、行政区画、地域的な一体性、地勢等を総合的に勘案して、選挙区及び各選挙区において選挙すべき議員の数を定めるものとする。参議院議員の全部又は一部の選挙について、広域の地方公共団体のそれぞれの区域を選挙区とする場合には、改選ごとに各選挙区において少なくとも一人を選挙すべきものとすることができる。
　2項　前項に定めるもののほか、選挙区、投票の方法その他両議院の議員の選挙に関する事項は、法律でこれを定める。
　92条　地方公共団体は、基礎的な地方公共団体及びこれを包括する広域の地方公共団体とすることを基本とし、その種類並びに組織及び運営に関する事項は、地方自治の本旨に基づいて、法律でこれを定める。

## 「合区」とは

　2015年に成立した改正公職選挙法（公選法）により、いわゆる「合区」が導入された。それまですべて都道府県単位であった参議院議員通常選挙（参院選）の選挙区選挙の選挙区の一部が複数統合されることとなり、人口減少が著しい鳥取県と島根県、徳島県と高知県の各選挙区がそれぞれ統合されたのである。
　その目的は、「憲法が保障する『法の下の平等』に反する」と指摘されてきた「投票価値の不均衡」、いわゆる「一票の較差」の是正にある。たとえば、本公選法改正直前の2013年に行われた参院選では、議員1人あたりの有権者数が、最多の兵庫県選挙区（定数2人）では139万7033人であったのに対して、最少の鳥取県選挙区では29万4334人（定数1人）で、その較差はおよそ4.75倍に及んでいた。わかりやすく言い換えれば、鳥取県民の1票には、兵庫県民の4票以上の「重み」があったということである。これが「一票の較差」問題である。
　もちろん、この較差を完全になくすことは現実的に不可能である。しかし、憲法が「すべて国民は法の下に平等であり、……政治的……関係において、差別されない」（14条1項）ことと「公務員の選挙については、成年者による普通選挙を保障する」（15条3項）ことを定めていることに

鑑みると、この較差は大き過ぎないだろうか——このような疑念は以前からあり、「一票の較差」訴訟として、たびたび司法判断が求められてきた。

　これについて、かつて最高裁判所は、較差が最大6.59倍に及んだ1992年の選挙について「違憲の問題が生じる程度の著しい不平等状態（いわゆる「違憲状態」）」と認定したが、較差是正のための「相当期間」が経過していないとして違憲判断は回避した（1996年9月11日最高裁判決）。しかし、較差が最大5倍だった2010年の選挙については、「違憲状態」という従来の判断を維持しつつも、判例（1983年4月27日最高裁判決）で認めていた参議院の「都道府県代表」的要素を否定し、較差是正のため都道府県単位の選挙区の見直しを国会に迫る（2012年10月17日最高裁判決）。その姿勢は、較差が最大4.75倍に及んだ2013年の選挙についても同様だった（2014年11月26日最高裁判決）。このような司法府からの圧力を受け、立法府が重い腰を上げて実現したのが「合区」なのである。

## 国会議員は誰を代表するのか

　さて、この合区に対して強い不満を抱いているのが、合区の対象となった地方に厚い支持基盤をもつ自民党である。初の「合区選挙」となった2016年の参院選直後に同党内に発足した「参院在り方検討プロジェクトチーム」では、早くも「3年毎に各都道府県から最低1人の議員選出」を憲法に明記すること等が主張されている。

　その一方で、2016年の参院選においても、議員1人あたり有権者数が最多の埼玉県選挙区と最少の福井県選挙区では、「一票の較差」がすでに3.08倍に及んでいる。これについて最高裁は「合憲」と判断しているものの（2017年9月27日最高裁判決）、都市部への人口流入と地方からの人口流出という傾向はとどまるところを知らず、このままではさらなる「合区」が必要となることが予想される。そして、その対象と目されているのが、自民党が強い北陸や九州の諸県なのである。

　加えて、「合区」の対象となった県の地元メディアも、「地方の住民を

軽んじる合区は、今回限りで廃止すべきだ」(2016年7月11日徳島新聞社説)、「民意をすくい取る上で、合区制度は深刻な課題を残したと言わざるを得ない」(同日高知新聞社説)といった意見からうかがえるように、「合区」に対して総じて批判的である。このような声と要望を条文の形にしたのが、2018年2月16日に同党の憲法改正推進本部が了承した上記の47条と92条の改正案であるといえるのである。

では、本当に合区という制度は「地方軽視」なのだろうか。

ここでは、その前提をきちんと理解しておく必要がある。それは、日本国憲法は、「両議院は、全国民を代表する選挙された議員でこれを組織する」(43条)と規定していることである。つまり、衆参を問わず国会議員は「地域」ではなく、「全国民」の代表であるということである。要するに、参議院議員はその出身選挙区がどこであろうと「全国民の代表」であって、「ある一地域(出身都道府県)の代表」ではないのである。憲法は、たとえば東京や神奈川選出の議員であっても高知や徳島の住民のことを考えて行動することを要請しているということである(Ⅱ-1も参照)。

## 「地域の代表」の意味

とはいえ、先述したように、過去の一時期においては最高裁も、参議院には「地域代表」的な性格もあることを認めていたことがある。しかし、その地域的代表な性格を否定した2012年10月17日の判決前の時点においてさえも、最高裁は、「法の下の平等」(憲法14条1項)および「平等選挙」(憲法44条)といった憲法上の諸原則に照らし、1992年の選挙は違憲状態にあると判断したのである。このことは、仮に47条を改定したところで根本的に変わるものではない。

では、憲法43条を改定して「参議院議員は地域の代表でもある」旨を明記するのはどうだろうか。この場合、その影響は従来の参議院の役割や二院制の見直しに及ぶ。

そもそも、近年最高裁が参院選の一票の較差に厳しくなってきた背景には、衆参のいわゆる「ねじれ」現象、つまり議会多数派が衆参で異な

ることによって生じたさまざまな政治的効果ゆえに、相対的な参議院の「強さ」が認識されたことがある。「強い」からこそ、その「一票の較差」に対する司法判断が厳格化してきたともいえるのである。このような「強い参議院」を「地域の代表」として明文上位置づけるならば、国民主権原理に照らして「国民の代表」たる衆議院の権限を強化しつつ、並行して参議院の権限を弱める必要が生じよう。

　ところで、憲法上「地域の代表」と位置づけられた参議院は、連邦制をとるアメリカの上院やドイツの連邦参議院に近づく可能性がある。だが、そうなると議論は、日本への連邦制の導入の是非にまで及ぶ。そこまで話が進むと、その連邦制を支える自治体として現行の都道府県はサイズが「小さ過ぎる」がゆえに東北や九州を単位とする「道州制」の導入すべき……という議論も出てくるだろう。また、その規模だけではなく、権限も国から州（自治体）へさらに委譲すべきとの議論も避けられないと思われる。

　そもそも、「地方の声が中央に届きにくい」ということならば、現在の東京選挙区定員12人に対して鳥取や島根各県で定員2人を確保したところで「多勢に無勢」である。地域の声を真摯に国政に反映させたいのならば、たとえば、アメリカ上院のように各都道府県の定員を2名に統一し、その権限も「国民代表の衆議院」との差異化を図ることも考えられよう。実際にそうするかどうかは別として、そういう議論までしなくてはならないはずである。

　いずれにしても以上の諸提案は、1945年以来どころか、1868年以来のこの国の統治機構の根幹に関わる一大改革たりうる。そして、このような骨太な議論を回避しつつ憲法の条文に手をつけるのは、あまりにも軽率なふるまいであると言わざるをえないのである。

## あるべき参議院とは

　他方、同じ都道府県内でもその政治的課題は多様であり、「都道府県」という地方自治体を選挙区の単位として絶対視するべきではないという

ことも指摘できる。

　先述したように、2013年の参院選において「一票の較差」は兵庫県と鳥取県の間で4倍以上に及んでいたが、同じ「兵庫県」でも、大阪のベッドタウンである西宮市や芦屋市と、日本海側に位置し鳥取県に隣接する新温泉町や香美町とでは、その直面する政治的課題はかなり異なるものであろう。そもそも廃藩置県（1871年）まで、前者は摂津国、後者は但馬国に属する地域だった。両者が同じ県になってからせいぜい150年足らずなのである。

　思うに、ここではいったん「参議院議員＝地域の代表」という固定観念を捨てることが求められている。つまり、「地域」とは違う枠組みでの代表選出方法を考えてみようという提案である。そもそも参議院は何のために存在するのだろうか。衆議院とは異なる存在理由は何か。今後の参議院を考える場合、そのような大局的な視点は欠かせない。

　たとえば、「18〜29歳」「30〜39歳」等の年齢別に選挙団を構成することは考えられないだろうか。あるいは、世界的にみても異常といえる日本の女性国会議員の少なさを是正することをめざして、国会に「女性」議員枠を設けることも真剣な考察に値する。そのほかにも「障害者」「性的少数者」「少数民族」といった議席枠を設けることも考えられよう。こういった多様な声を遍く汲み取っていかに政治に反映させるか——選挙制度とは、本来このような大局的な視点から議論すべきことがらであり、その根底には「あるべき参議院」をめぐる議論が欠かせないはずなのである。

　最後に、今回の「合区」の要因のひとつは議員定数の削減である。そもそも議員定数削減が「政治家の身を切る改革」ともてはやされる風潮にも問題がある。私たち国民の代表が減るということは、より多様な声が国会に届かなくなるということを意味する。もちろん、議員歳費等のコストの議論を無視することはできない。しかし、たとえば議員定数が300人ならば私たちは300通りの「代表」を選ぶことができるのに対し、100人では100通りしか選べないという当たり前のことを、私たちはあらためて肝に銘じるべきであろう。

（石川裕一郎）

## III-5 憲法改正国民投票

# 国民投票は信じられるか

> 私説　論説室から　国民投票は操作される？
>
> 　憲法改正の是非を問う国民投票は公平に行われる—。どうやらそれは錯覚らしい。「メディアに操作される憲法改正国民投票」（岩波ブックレット、本間龍著）によれば、広告宣伝活動には投票日二週間前からのテレビCM放映禁止以外は規制がない。その結果、公平・公正であるべき投票運動が、青天井とも言える広告宣伝費の投入によって歪（ゆが）められる危険が大きいのだという。
>
> 　改憲派の予算は圧倒的である。議席数に応じて配分される政党交付金は二〇一六年で自民党が百七十四億円。企業献金の九割も自民党が受け取る。改憲を強く支援する団体の寄付も制限がないから、青天井になる。護憲派の予算はとても比べようもなかろう。
>
> 　大手広告会社と組んで、テレビのゴールデンタイムに改憲番組や有名タレントを使ったCMなど、改憲派にはお手の物であろう。国民投票法の致命的欠陥というべきである。
>
> 　本間氏はこんな提案をする。①宣伝広告の総発注金額を改憲派・護憲派ともに同金額と規定し、上限を設け国が支給する②テレビ・ラジオ・ネットCMでの放送回数を予（あらかじ）め規定し、放送時間も同じタイミングで流す…。
>
> 　過去に国民投票をした英国やフランスなどでは、テレビCMは全面禁止、公的に配分されるテレビの広報スペースは無料…。つまり公平にしないと国民投票は成り立たないものなのだ。
>
> （2017年9月20日東京新聞朝刊・桐山桂一）

### ■考えるポイント

憲法改正時にはなぜ国民投票が実施されるのか。
国民投票は必ず民意を反映するものとなるのか。
国民投票法（改憲手続法）は公平か。

## 憲法改正手続

　憲法96条1項は、憲法改正手続として、「各議院の総議員の3分の

2以上の賛成で、国会が、これを発議し、国民に提案してその承認を経なければならない。この承認には、特別の国民投票又は国会の定める選挙の際行はれる投票において、その過半数の賛成を必要とする」と規定している。すなわち、第一段階として国会による憲法改正の発議と国民への提案、第二段階として国民による憲法改正案の承認を経なければならないのである（憲法改正手続の流れを参照）。ここでいう発議とは、立法府である国会が国民に対する憲法改正の提案を決定することを意味する。なお、国民により承認されたときは、天皇が憲法改正を国民の名の下で公布する（同条2項）。

　第一段階の流れをより具体的に述べると、① 100人以上の衆議院議員の賛成および50人以上の参議院議員の賛成により、憲法改正原案の国会提出がなされるか（国会法68条の2）、② 2007年に衆参両議院に設置された憲法審査会により、同原案の国会提出がなされる（同102条の7）。

　①の場合、憲法改正原案の提出者が自分の属する議院に原案を提出することから始まる。提出された原案は、同議院の憲法審査会での審議を経て可決されると、同議院の本会議にまわされる。そこでの審議を経て、総議員の3分の2以上の賛成で可決されると、もうひとつの議院に同原案が提出される。同様の過程を経て本会議で最終的に可決されると、国会が憲法改正を発議し、国民に提案したとされる（国会法68条の5第1項）。

　なお、内閣に同原案の提出権（発案権）が認められるか否かについては議論が分かれている。しかし、通常の法律案の提出権と違い、内閣には憲法改正原案の提出が認められないと考えるべきであろう。なぜなら、内閣を構成する国務大臣には憲法尊重擁護義務が課せられている以上（憲法99条）、内閣が率先して同原案の提出をすることは問題があるといえるからである。

　第二段階は国民による憲法改正案の承認である。それは「特別の国民投票又は国会の定める選挙の際行はれる投票において、その過半数の賛成」によりなされる。特別の国民投票については、2007年に「国民投票法」（改憲手続法）が制定されている。同法に基づき、国民投票は国会が憲法改正の発議をした日から60日以後180日以内に実施される（国民投

票法2条1項)。その具体的な日時は国会が決定する。

　満18歳以上の者に国民投票の投票権が認められている（国民投票法3条）。ただし、2018年6月20日までは、満20歳以上の国民のみに投票権を認める経過措置がとられている。しかし、将来、憲法改正国民投票が実施されることがあれば、その段階ではすでにこの経過措置期間は終了しているであろう。

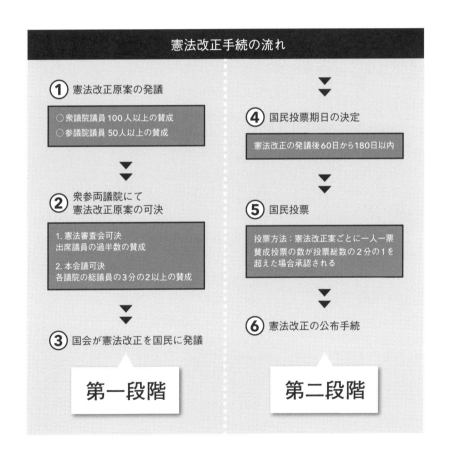

# 国民投票で民意は反映されるのか

　日本では通常の立法の場合、国会での議決のみで現行法の改正や新法の制定ができる。しかし、最高法規（憲法98条1項）である憲法の改正については、国会での発議と国民投票という二段階方式を課している。つまり、より複雑な手続が求められるのである。こうした厳格な改正手続を課している憲法を「硬性憲法」と呼ぶ（通常の立法手続と同じ方法で改正が可能な憲法は「軟性憲法」と呼ばれる）。

　ではなぜ、憲法改正の際に国民投票が求められるのであろうか。それは、国民主権原理（前文一段および1条）に基づき、主権（国政に関する最終決定権を有すること）を担う国民こそが憲法改正権者といえるからである。その国民の意思を直接的に表明する制度として国民投票制度がある。

　しかし、ここで重要なことは、つねに「国民投票＝民意の反映」であると単純に考えてはいけない点である。国民投票制度において、国民（この場合は有権者）の意思が公平に表明されるためのさまざまなしくみがあらかじめきちんと整い、それに従って実施されなければ、国民投票とは名ばかりで民意を反映するものとはならないからである。それらのしくみには、何ら介入を受けない自由な投票の担保、最低投票率の設定、国民投票に関する公平な宣伝方法、賛否が問われているテーマを十分に検討できるようにするための情報へのアクセス権の担保等が含まれる。

　一見、国民投票は直接民主制の手段として、理想的なものにもみえる。しかし、しくみが公平でない場合、独裁者や独裁者の支持層の意思が意図的に反映された結果が出る危険性がある。また、一時的な社会情勢の変化が権力者によって危機的に宣伝されること等により、投票時の国民の意思が容易に左右されることもある。権力者はそのしくみや情勢を利用して、自らの地位や自らを利する政策を正当化しようとすることがある。事実、そのような国民投票は世界各地で実施されてきた。このように、権力者の思惑を反映させるために悪用される国民投票のことを「プレビシット」と呼ぶ（Ⅱ-9参照）。

## 国民投票法は公平か

　国民投票法には、民主主義を考えるうえで多くの問題が含まれている。以下では、①最低投票率[*1]が定められていない問題、②国民投票広報協議会の公平性の問題、③国民投票運動の際の広告放送（CM）問題を取り上げる。

　憲法改正のための国民投票制度には最低投票率が設けられていない。最低投票率（＝国民投票が成立するために有権者の何％以上が投票する必要があるか）が定められると、憲法改正に反対する者たちが最低投票率に達しないよう投票自体へのボイコット（棄権）を呼びかける可能性があるとして、国民投票法の制定時に与党が猛反対をしたからである。これは致命的な欠陥である。なぜなら、最低投票率が設定されていないと、投票率がきわめて低い場合でも、その有効得票の半分が賛成票であれば憲法改正が成立してしまうからである。その結果、民意がまったく反映されない憲法改正がなされることになりかねない。民意が反映されない国民投票制度は、民主主義の破壊に直結する。

　なお、国民投票法制定時に、参議院では「低投票率により憲法改正の正当性に疑義が生じないよう、憲法審査会において本法施行までに最低投票率制度の意義・是非について検討を加えること」とする附帯決議が採択されたが、憲法審査会でその検討は進んでいない。海外の国民投票制度をみていくと、できるだけ民意が反映されるようにするためのしくみのひとつとして、たとえば、韓国のように最低投票率を導入している国がみられる。

　次に国民投票広報協議会の公平性の問題である。国会が憲法改正を発議すると、国民投票広報協議会が設置される。同協議会の委員は発議の際に衆参両議院の議員を務めていた者がなり、その定員は各議院 10 名

---

[*1] 憲法改正のための国民投票で民意が反映されるようにするための手段のひとつとして、最低投票率に加え法定得票率を設定する方法も考えられる。法定得票率とは、憲法改正案への賛成が認められるための最低得票の基準（＝有権者の何％以上の票を得る必要があるか）をあらかじめ法律で定めておくことをいう。

となっている（国民投票法12条2項）。問題はその構成である。委員は各議院の会派の所属議員の比率に応じて各会派に割り当てられることになっている（同条3項）。憲法改正の発議が各議院の総議員の3分の2以上の賛成でなされる点から考えると、各会派の割り当て制度は結果的に憲法改正賛成派の議員が多く含まれることを前提にする制度といえる。したがって、国民投票広報協議会が作成する国民投票公報や同協議会が行う憲法改正案の広報活動（ラジオやテレビでの放送や新聞広告等）の内容が憲法改正派に有利なものとなる可能性がある。

　最後に、国民投票運動のための広告放送（CM）問題を述べる。国民投票法によると、国民投票実施日の14日前までは、国民投票運動のための広告放送ができる（105条）。通常、企業等がテレビで自社の製品等を宣伝するためのCMを流す際には、放送局にCM料として莫大な料金を支払う。したがって、CMを流すことができるかどうかはその企業の経済力による。国民投票運動のための広告放送においても、資金を有する者や団体が放送局に莫大な料金を支払って、憲法改正の賛否に関するCMを独占することが考えられる。その結果、賛否の一方の意見だけがテレビ等を通じて垂れ流される事態が生じかねないのである。

## 十分な注意が必要

　ここでは、憲法改正手続、とりわけその一環として行われる国民投票制度から、民主主義が担保されるための条件を考えてきた。理論上は、憲法の三大原理（国民主権、基本的人権の尊重、平和主義）を否定する等、その性質を根本から変えてしまうような改正は認められない（改正限界説）[*2]。しかし、現実には上述した憲法改正手続を踏めば、あらゆる改正は可能である。政権与党が野党の要求や主張にいっさい耳を傾けず、これらの

---

[*2] 憲法改正の限界に関する考え方には、手続にさえ従っていればいかなる改正も可能とする考え方（改正無限界説）もある。しかし、このような考え方に基づいて改正がなされると、憲法の原理の否定につながりかねない。また、改正前の憲法との同一性や継続性の観点からしても問題があるといえるだろう。

声を完全に無視することを決め込んでいるような態度を示している現在の国会情勢をみるかぎり、憲法改正の審議が丁寧に行われることは期待できない。このような情勢が続けば、三大原理を否定するような憲法改正が強行的に行われることにもなりかねない。

　こう書くと、読者のなかには、国会が憲法の原理に反する憲法改正を発議した段階で違憲審査を求めて司法に訴えることができないか、と考える方もおられるだろう。それは次の２つの理由から困難だといわざるをえない。第一に、憲法は裁判所に違憲審査権を認めているとはいえ（憲法81条）、その権限について最高裁判所が付随的審査制を支持しているからである（1952年10月8日最高裁判決。警察予備隊事件）。付随的審査制とは、司法による解決を求めて提訴された具体的な争訟事件において、裁判所が解決に必要とされる範囲内で、その事件で適用された法令の違憲判断をする方式である。したがって、国会が憲法改正の発議をしたというだけでは、裁判所に違憲審査を求めることは難しい。ただし、たとえば、現行の憲法改正手続の下で、万が一国民投票を経ずに憲法改正が強行されたというような事件が生じれば、国民が有する憲法改正決定権限が侵害されたとして、司法救済を求めて裁判に訴えることが可能となろう。違憲審査が困難であることの第二の理由は、憲法改正国民投票は国会による発議の日から60日以後180日以内に実施されることになっているため、発議後すぐに違憲を理由として国民投票の差止を求める訴訟を提起しても、その判断が国民投票の実施日までに間に合わないという時間的制約が生じる点にある。

　国民投票はいくら「民意を反映させるため」と称していようとも、公平なしくみが整備されていなければ、強者を利するものにしかならない。その結果、たとえば、私たちの基本的人権を否定するような憲法改正が成立することが十分ありうる。私たちが民主的な社会のなかで日常生活を送ることができるようにするためには、憲法で人権を保障することが不可欠である。権力者が国民投票を悪用し、私たちの権利を否定するような状況が起きないようにするためにも、憲法改正国民投票制度の矛盾をしっかりと考えていく必要があるだろう。

（清末愛砂）

# 本書にかかわる憲法条文

　日本国民は、正当に選挙された国会における代表者を通じて行動し、われらとわれらの子孫のために、諸国民との協和による成果と、わが国全土にわたつて自由のもたらす恵沢を確保し、政府の行為によつて再び戦争の惨禍が起ることのないやうにすることを決意し、ここに主権が国民に存することを宣言し、この憲法を確定する。そもそも国政は、国民の厳粛な信託によるものであつて、その権威は国民に由来し、その権力は国民の代表者がこれを行使し、その福利は国民がこれを享受する。これは人類普遍の原理であり、この憲法は、かかる原理に基くものである。われらは、これに反する一切の憲法、法令及び詔勅を排除する。

　日本国民は、恒久の平和を念願し、人間相互の関係を支配する崇高な理想を深く自覚するのであつて、平和を愛する諸国民の公正と信義に信頼して、われらの安全と生存を保持しようと決意した。われらは、平和を維持し、専制と隷従、圧迫と偏狭を地上から永遠に除去しようと努めてゐる国際社会において、名誉ある地位を占めたいと思ふ。われらは、全世界の国民が、ひとしく恐怖と欠乏から免かれ、平和のうちに生存する権利を有することを確認する。

　われらは、いづれの国家も、自国のことのみに専念して他国を無視してはならないのであつて、政治道徳の法則は、普遍的なものであり、この法則に従ふことは、自国の主権を維持し、他国と対等関係に立たうとする各国の責務であると信ずる。

　日本国民は、国家の名誉にかけ、全力をあげてこの崇高な理想と目的を達成することを誓ふ。

## 第1章　天皇（抄）

第1条　天皇は、日本国の象徴であり日本国民統合の象徴であつて、この地位は、主権の存する日本国民の総意に基く。

第7条　天皇は、内閣の助言と承認により、国民のために、左の国事に関する行為を行ふ。
　一　憲法改正、法律、政令及び条約を公布すること。
　二　国会を召集すること。
　三　衆議院を解散すること。
　四　国会議員の総選挙の施行を公示すること。

## 第2章　戦争の放棄

第9条　日本国民は、正義と秩序を基調とする国際平和を誠実に希求し、国権の発動たる戦争と、武力による威嚇又は武力の行使は、国際紛争を解決する手段としては、永久にこれを放棄する。
　2　前項の目的を達するため、陸海空軍その他の戦力は、これを保持しない。国の交戦権は、これを認めない。

## 第3章　国民の権利及び義務(抄)

第10条　日本国民たる要件は、法律でこれを定める。
第14条　すべて国民は、法の下に平等であつて、人種、信条、性別、社会的身分又は門地により、政治的、経済的又は社会的関係において、差別されない。
第15条　公務員を選定し、及びこれを罷免することは、国民固有の権利である。
　2　すべて公務員は、全体の奉仕者であつて、一部の奉仕者ではない。
　3　公務員の選挙については、成年者による普通選挙を保障する。
　4　すべて選挙における投票の秘密は、これを侵してはならない。選挙人は、その選択に関し公的にも私的にも責任を問はれない。
第16条　何人も、損害の救済、公務員の罷免、法律、命令又は規則の制定、廃止又は改正その他の事項に関し、平穏に請願する権利を有し、何人も、かかる請願をしたためにいかなる差別待遇も受けない。
第19条　思想及び良心の自由は、これを侵してはならない。
第21条　集会、結社及び言論、出版その他一切の表現の自由は、これを保障する。
　2　検閲は、これをしてはならない。通信の秘密は、これを侵してはならない。
第24条　婚姻は、両性の合意のみに基いて成立し、夫婦が同等の権利を有することを基本として、相互の協力により、維持されなければならない。
　2　配偶者の選択、財産権、相続、住居の選定、離婚並びに婚姻及び家族に関するその他の事項に関しては、法律は、個人の尊厳と両性の本質的平等に立脚して、制定されなければならない。
第31条　何人も、法律の定める手続によらなければ、その生命若しくは自由を奪はれ、又はその他の刑罰を科せられない。

## 第4章　国会

第41条　国会は、国権の最高機関であつて、国の唯一の立法機関である。
第42条　国会は、衆議院及び参議院の両議院でこれを構成する。
第43条　両議院は、全国民を代表する選挙された議員でこれを組織する。
　2　両議院の議員の定数は、法律でこれを定める。

第44条　両議院の議員及びその選挙人の資格は、法律でこれを定める。但し、人種、信条、性別、社会的身分、門地、教育、財産又は収入によつて差別してはならない。
第45条　衆議院議員の任期は、4年とする。但し、衆議院解散の場合には、その期間満了前に終了する。
第46条　参議院議員の任期は、6年とし、3年ごとに議員の半数を改選する。
第47条　選挙区、投票の方法その他両議院の議員の選挙に関する事項は、法律でこれを定める。
第48条　何人も、同時に両議院の議員たることはできない。
第49条　両議院の議員は、法律の定めるところにより、国庫から相当額の歳費を受ける。
第50条　両議院の議員は、法律の定める場合を除いては、国会の会期中逮捕されず、会期前に逮捕された議員は、その議院の要求があれば、会期中これを釈放しなければならない。
第51条　両議院の議員は、議院で行つた演説、討論又は表決について、院外で責任を問はれない。
第52条　国会の常会は、毎年1回これを召集する。
第53条　内閣は、国会の臨時会の召集を決定することができる。いづれかの議院の総議員の4分の1以上の要求があれば、内閣は、その召集を決定しなければならない。
第54条　衆議院が解散されたときは、解散の日から40日以内に、衆議院議員の総選挙を行ひ、その選挙の日から30日以内に、国会を召集しなければならない。
　2　衆議院が解散されたときは、参議院は、同時に閉会となる。但し、内閣は、国に緊急の必要があるときは、参議院の緊急集会を求めることができる。
　3　前項但書の緊急集会において採られた措置は、臨時のものであつて、次の国会開会の後10日以内に、衆議院の同意がない場合には、その効力を失ふ。
第55条　両議院は、各々その議員の資格に関する争訟を裁判する。但し、議員の議席を失はせるには、出席議員の3分の2以上の多数による議決を必要とする。
第56条　両議院は、各々その総議員の3分の1以上の出席がなければ、議事を開き議決することができない。
　2　両議院の議事は、この憲法に特別の定のある場合を除いては、出席議員の過半数でこれを決し、可否同数のときは、議長の決するところによる。
第57条　両議院の会議は、公開とする。但し、出席議員の3分の2以上の多数で議決したときは、秘密会を開くことができる。
　2　両議院は、各々その会議の記録を保存し、秘密会の記録の中で特に秘密を要すると認められるもの以外は、これを公表し、且つ一般に頒布しなければならない。
　3　出席議員の5分の1以上の要求があれば、各議員の表決は、これを会議録に記載しなければならない。
第58条　両議院は、各々その議長その他の役員を選任する。
　2　両議院は、各々その会議その他の手続及び内部の規律に関する規則を定め、又、

院内の秩序をみだした議員を懲罰することができる。但し、議員を除名するには、出席議員の3分の2以上の多数による議決を必要とする。

第59条　法律案は、この憲法に特別の定のある場合を除いては、両議院で可決したとき法律となる。

2　衆議院で可決し、参議院でこれと異なつた議決をした法律案は、衆議院で出席議員の3分の2以上の多数で再び可決したときは、法律となる。

3　前項の規定は、法律の定めるところにより、衆議院が、両議院の協議会を開くことを求めることを妨げない。

4　参議院が、衆議院の可決した法律案を受け取つた後、国会休会中の期間を除いて60日以内に、議決しないときは、衆議院は、参議院がその法律案を否決したものとみなすことができる。

第60条　予算は、さきに衆議院に提出しなければならない。

2　予算について、参議院で衆議院と異なつた議決をした場合に、法律の定めるところにより、両議院の協議会を開いても意見が一致しないとき、又は参議院が、衆議院の可決した予算を受け取つた後、国会休会中の期間を除いて30日以内に、議決しないときは、衆議院の議決を国会の議決とする。

第61条　条約の締結に必要な国会の承認については、前条第2項の規定を準用する。

第62条　両議院は、各々国政に関する調査を行ひ、これに関して、証人の出頭及び証言並びに記録の提出を要求することができる。

第63条　内閣総理大臣その他の国務大臣は、両議院の一に議席を有すると有しないとにかかはらず、何時でも議案について発言するため議院に出席することができる。又、答弁又は説明のため出席を求められたときは、出席しなければならない。

第64条　国会は、罷免の訴追を受けた裁判官を裁判するため、両議院の議員で組織する弾劾裁判所を設ける。

2　弾劾に関する事項は、法律でこれを定める。

## 第5章　内閣

第65条　行政権は、内閣に属する。

第66条　内閣は、法律の定めるところにより、その首長たる内閣総理大臣及びその他の国務大臣でこれを組織する。

2　内閣総理大臣その他の国務大臣は、文民でなければならない。

3　内閣は、行政権の行使について、国会に対し連帯して責任を負ふ。

第67条　内閣総理大臣は、国会議員の中から国会の議決で、これを指名する。この指名は、他のすべての案件に先だつて、これを行ふ。

2　衆議院と参議院とが異なつた指名の議決をした場合に、法律の定めるところにより、両議院の協議会を開いても意見が一致しないとき、又は衆議院が指名の議決をした後、国会休会中の期間を除いて10日以内に、参議院が、指名の議決をしない

ときは、衆議院の議決を国会の議決とする。
第68条　内閣総理大臣は、国務大臣を任命する。但し、その過半数は、国会議員の中から選ばれなければならない。
　2　内閣総理大臣は、任意に国務大臣を罷免することができる。
第69条　内閣は、衆議院で不信任の決議案を可決し、又は信任の決議案を否決したときは、10日以内に衆議院が解散されない限り、総辞職をしなければならない。
第70条　内閣総理大臣が欠けたとき、又は衆議院議員総選挙の後に初めて国会の召集があつたときは、内閣は、総辞職をしなければならない。
第71条　前2条の場合には、内閣は、あらたに内閣総理大臣が任命されるまで引き続きその職務を行ふ。
第72条　内閣総理大臣は、内閣を代表して議案を国会に提出し、一般国務及び外交関係について国会に報告し、並びに行政各部を指揮監督する。
第73条　内閣は、他の一般行政事務の外、左の事務を行ふ。
一　法律を誠実に執行し、国務を総理すること。
二　外交関係を処理すること。
三　条約を締結すること。但し、事前に、時宜によつては事後に、国会の承認を経ることを必要とする。
四　法律の定める基準に従ひ、官吏に関する事務を掌理すること。
五　予算を作成して国会に提出すること。
六　この憲法及び法律の規定を実施するために、政令を制定すること。但し、政令には、特にその法律の委任がある場合を除いては、罰則を設けることができない。
七　大赦、特赦、減刑、刑の執行の免除及び復権を決定すること。
第74条　法律及び政令には、すべて主任の国務大臣が署名し、内閣総理大臣が連署することを必要とする。
第75条　国務大臣は、その在任中、内閣総理大臣の同意がなければ、訴追されない。但し、これがため、訴追の権利は、害されない。

## 第6章　司法 (抄)

第81条　最高裁判所は、一切の法律、命令、規則又は処分が憲法に適合するかしないかを決定する権限を有する終審裁判所である。

## 第7章　財政

第83条　国の財政を処理する権限は、国会の議決に基いて、これを行使しなければならない。
第84条　あらたに租税を課し、又は現行の租税を変更するには、法律又は法律の定める条件によることを必要とする。

第85条　国費を支出し、又は国が債務を負担するには、国会の議決に基くことを必要とする。
第86条　内閣は、毎会計年度の予算を作成し、国会に提出して、その審議を受け議決を経なければならない。
第87条　予見し難い予算の不足に充てるため、国会の議決に基いて予備費を設け、内閣の責任でこれを支出することができる。
　2　すべて予備費の支出については、内閣は、事後に国会の承諾を得なければならない。
第88条　すべて皇室財産は、国に属する。すべて皇室の費用は、予算に計上して国会の議決を経なければならない。
第89条　公金その他の公の財産は、宗教上の組織若しくは団体の使用、便益若しくは維持のため、又は公の支配に属しない慈善、教育若しくは博愛の事業に対し、これを支出し、又はその利用に供してはならない。
第90条　国の収入支出の決算は、すべて毎年会計検査院がこれを検査し、内閣は、次の年度に、その検査報告とともに、これを国会に提出しなければならない。
　2　会計検査院の組織及び権限は、法律でこれを定める。
第91条　内閣は、国会及び国民に対し、定期に、少くとも毎年1回、国の財政状況について報告しなければならない。

# 第8章　地方自治

第92条　地方公共団体の組織及び運営に関する事項は、地方自治の本旨に基いて、法律でこれを定める。
第93条　地方公共団体には、法律の定めるところにより、その議事機関として議会を設置する。
　2　地方公共団体の長、その議会の議員及び法律の定めるその他の吏員は、その地方公共団体の住民が、直接これを選挙する。
第94条　地方公共団体は、その財産を管理し、事務を処理し、及び行政を執行する権能を有し、法律の範囲内で条例を制定することができる。
第95条　一の地方公共団体のみに適用される特別法は、法律の定めるところにより、その地方公共団体の住民の投票においてその過半数の同意を得なければ、国会は、これを制定することができない。

# 第9章　改正

第96条　この憲法の改正は、各議院の総議員の3分の2以上の賛成で、国会が、これを発議し、国民に提案してその承認を経なければならない。この承認には、特別の国民投票又は国会の定める選挙の際行はれる投票において、その過半数の賛成を

必要とする。
2 憲法改正について前項の承認を経たときは、天皇は、国民の名で、この憲法と一体を成すものとして、直ちにこれを公布する。

## 第10章　最高法規(抄)

第98条　この憲法は、国の最高法規であつて、その条規に反する法律、命令、詔勅及び国務に関するその他の行為の全部又は一部は、その効力を有しない。
2 日本国が締結した条約及び確立された国際法規は、これを誠実に遵守することを必要とする。
第99条　天皇又は摂政及び国務大臣、国会議員、裁判官その他の公務員は、この憲法を尊重し擁護する義務を負ふ。

## 第11章　補則(略)

# おわりに

## 国会はどうなっているか――国政調査との関係で

　この本を準備している間も、議会制民主主義にかかわる問題が次々起きています。そのうち、本文で十分に扱えなかった国政調査のことを少し書きます。

　各院には国政に関する調査を行い、証人の出頭・証言や記録の提出を求める権限（国政調査権）があります（憲法62条）。この権限のおかげで、国会は内閣の責任を追及し、国政の中心的役割を果たすことができるのです。ですが強力な権限だからこその制約もあります。

　議院証言法上の証人は、偽りの証言をすると、偽証罪として3月以上10年以下の懲役に処せられます（議院証言法6条）。しかし国会法上の参考人には偽証罪がありません。

　そこで誰かを庇いたくて「参考人に呼んでもいいが、証人に呼ぶのは反対だ」というのです。しかしこれは「彼／彼女は嘘をつくはずだ」と決めつけています。そんな斟酌をされて参考人に呼ばれた人は、「嘘つき扱いするな」と怒るべきでしょう。

　また憲法と法律は、自分に不利益となる供述を強要されない、いわゆる黙秘権を保障します（憲法38条1項、議院証言法4条、刑事訴訟法198条、同311条）。そこで証人も「刑事責任を問われるかもしれないので証言しません」と答えるわけです。法律で、証人としての発言は刑事訴追の材料に使えない（訴追免責）ことにすれば、この問題は解決します。国政調査の結果きまる政治的責任と、刑事裁判の結果決まる刑事責任とは別物だからです。でも刑事訴訟法がそうなっていないので、現状では、黙秘権を盾にした証言拒否も成り立ちます。

　以上は制度上の問題ですが、運用上の問題もあります。

　森友学園事件では、首相夫人の行動が事件解明の鍵を握るようです。

でも首相は①妻は私人である、②明白な不正があったわけではない、③妻の考えは夫（首相）が国会ですでに語ったから、妻を証人に呼ぶ必要はない。こう言って夫人の喚問を拒んでいます。

しかし①私人でも証人に呼べますし、過去の証人の８割は私人でした。そもそも喚問の必要性は、私人かどうかではなく、調査に必要かどうかで決まります。②不正の有無を明らかにするための調査ですから、まず喚問が先です。不正の有無はそのあとでわかることです。さらに③「夫が代弁した」論にいたっては、独立した人格である夫人に対する侮辱以外のなにものでもありません。「妻のことは自分がわかってる」なんていう男は、だいたい妻のことをわかっていないのです。首相の理屈は「夫は妻の意見を考慮して投票するから、女性参政権がなくても不都合はない」という、女性参政権が認められていなかった時代の言い回しをホウフツとさせます。

## そして再び、読者のあなたへ

この本の副題は「議会制民主主義の明日のために」です。私たち執筆者が「明日」という言葉でイメージしたのは、若い読者のあなたがこれから生きていく日々のことです。それが、議会制民主主義のまともに機能する明日であってほしいと思います。

議会制民主主義を活かしていくには、まず主権者が理念を学び、その理念に基づいている制度をきちんと運用することから始まるでしょう。その認識を、同世代の多くの人とぜひ共有して、あなた方の未来を切り開いてください。さらに「はじめに」のところでお願いしたように、この本を読んだ感想や考えを、あなたの言葉で、周囲の人に伝えてください。

５人の憲法研究者と１人の編集者が討議を重ねて、この本をつくりました。行き詰まりかけたとき、鋭いコメントと親切なアドバイスで執筆者を救ってくれた現代人文社の西村吉世江さんには、この場を借りてお

礼を申し上げます。

　この本が扱うすべての論点について、執筆者全員が同じ見解をもつわけではありません。各章の記述内容は、最終的にはその章の執筆者の責任で書かれています。しかし話し合いを通じて、こういう形にまとめることができました。

　そのことは、さまざまの出身地・職業・思想をもった議員たちが一堂に会してまともな政治をつくりあげていくという、(理想としての)国会というしくみと、どこか似ていたように思います。

2018年5月<br>永山茂樹

著者を代表して

# 編著者プロフィール

**石川裕一郎** いしかわ・ゆういちろう
聖学院大学政治経済学部教授。1967年生まれ。専門は、憲法学、比較憲法学、フランス法学。主な著作に、『裁判員と死刑制度』（編著、新泉社、2010年）、『フランス法律用語辞典〔第3版〕』（共訳、三省堂、2012年）、『リアル憲法学〔第2版〕』（共著、法律文化社、2013年）、『フランスの憲法判例Ⅱ』（共著、信山社、2013年）、『国家の論理といのちの倫理』（共著、新教出版社、2014年）、『それって本当？ メディアで見聞きする改憲の論理Q&A』（共著、かもがわ出版、2016年）、『緊急事態条項で暮らし・社会はどうなるか』（編著、現代人文社、2017年）、『入門 政治学365日』（共著、ナカニシヤ出版、2018年）、『自民党改憲案にどう向きあうか』（編著、現代人文社、2018年）などがある。


**石埼 学** いしざき・まなぶ
龍谷大学法学部教授。1968年生まれ。専門は、憲法学。主な著作に、『憲法状況の現在を観る』（社会批評社、2005年）、『デモクラシー検定』（大月書店、2006年）、『人権の変遷』（日本評論社、2007年）、『沈黙する人権』（共編著、2012年、法律文化社）などがある。


**清末愛砂** きよすえ・あいさ
室蘭工業大学大学院工学研究科准教授。1972年生まれ。専門は、憲法学、家族法。主な著作に、『北海道で生きるということ──過去・現在・未来』（共編著、法律文化社、2016年）、『安保法制を語る！ 自衛隊員・NGOからの発言』（共編著、現代人文社、2016年）、『徹底検証 日本の右傾化』（共著、筑摩書房、2017年）、『緊急事態条項で暮らし・社会はどうなるか──「お試し改憲」を許すな』（共編著、現代人文社、2017年）、『自民党改憲案にどう向きあうか』（共編著、現代人文社、2018年）、『右派はなぜ家族に介入したがるのか──憲法24条と9条』（共著、大月書店、2018年）などがある。

**志田陽子** しだ・ようこ

武蔵野美術大学造形学部教授。専門は、憲法、芸術法。主な著作に、『文化戦争と憲法理論——アイデンティティの相剋と模索』（法律文化社 2006 年）、『表現者のための憲法入門』（武蔵野美術大学出版局 2015 年）、『映画で学ぶ憲法』（法律文化社 2014 年）、『合格水準　教職のための憲法』（法律文化社 2017 年）、『あたらしい表現活動と法』（武蔵野美術大学出版局、2018 年）などがある。


**永山茂樹** ながやま・しげき

東海大学法学部教授。1960 年生まれ。専門は、憲法学。主な著作に、『判例ナビゲーション憲法』（共著、日本評論社、2014 年）、『法科大学院はどうなる』（共著、花伝社、2016 年）、「緊急事態条項改憲論批判——ウラの理由をどうみるか、オモテの理由とどうつきあうか」法と民主主義 511 号（2016 年）、「国家緊急事態条項改憲論の危険と誤り」前衛 2017 年 11 月、「緊急事態条項の試的註解——自民党『憲法改正草案』98 条 1 項のばあい」大東ロージャーナル 14 号（2018 年）、「安倍首相の教育『無償化』改憲はなにをもたらすか」月刊社会民主 2018 年 7 月号などがある。

# 国会を、取り戻そう!
## 議会制民主主義の明日のために

2018年7月5日　第1版第1刷

| | |
|---|---|
| 編著 | 石川裕一郎 |
| | 石埼学 |
| | 清末愛砂 |
| | 志田陽子 |
| | 永山茂樹 |
| 発行人 | 成澤壽信 |
| 編集人 | 西村吉世江 |
| 発行所 | 株式会社 現代人文社 |
| | 〒160-0004　東京都新宿区四谷2-10 八ッ橋ビル7階 |
| | Tel 03-5379-0307　Fax 03-5379-5388 |
| | henshu@genjin.jp（編集）／ hanbai@genjin.jp（販売） |
| | http://www.genjin.jp |
| 発売所 | 株式会社 大学図書 |
| 印刷所 | 株式会社 平河工業社 |
| 装幀 | 土田萌 |

本書の一部あるいは全部を無断で複写・転載・転訳載などをすること、または磁気媒体等に入力することは、法律で認められた場合を除き、編著者および出版者の権利の侵害となりますので、これらの行為をする場合には、あらかじめ小社に承諾を求めてください。

ISBN:978-4-87798-704-6 C0036